楽しく学べる！
くずし字・古文書パズル②

小林正博

潮新書
046

潮出版社

はじめに

今、老若男女を問わず、漢字に対する関心が広がり、漢字ブームが到来しているようです。児童向けの漢字ドリル、中高生向けの漢字能力検定、大学受験の漢字問題と、だれもが長い間漢字学習を重ねています。テレビを見れば、毎日のようにクイズ番組が流れており、そこでは必ず漢字能力を競う問題が出題されています。とにかく漢字に関する情報を見聞きしない日はないほどです。

一方で、古文書に関心を持って、くずし字の解読に日々挑戦している方も少なくありません。古文書といってもそこで使われている文字は、ひらがなと漢字です。ひらがなは現在では一音一字の四十六文字しかありませんが、江戸時代以前の文書だと、たくさんの見知らぬひらがながでてきます。漢字でも、今は使わない字体が多くあります。

本書では、漢字の解読に焦点を当て、解読できれば次のステップに進むことができると

いう内容の本を企画しました。

漢字とくずし字をパズル・ドリル形式でコラボさせて、漢字知識能力とくずし字解読能力を同時に試すことのできる問題集——これが本書の特徴です。すでに二〇二〇年四月に、漢字とくずし字をコラボさせたパズル形式の『楽しく学べる！　くずし字・古文書パズル①』の第二弾となります。

今回は好評を得た前作に続き『楽しく学べる！　くずし字・古文書パズル②』と銘打ち出版することになりました。「共通一字」「二字熟語」「三字熟語」「四字熟語」「数字四字熟語」「類義語」「対義語」といった、さながら漢字能力試験そのものと思える内容になっていますが、実は江戸時代版の漢字能力検定問題のようになっていますので、くずし字の漢字が解読できないと次に進めないわけです。

したがって本書では、正解に至るまでに二つの壁を突破しなければなりません。

第一段階は「くずし字の解読能力」が試されます。くずし字を解読できないと、どんなパズルの問題なのかに到達できません。ですから第一段階は「解読力を試す」れっきとしたくずし字の解読問題となります。これをクリアすると第二段階に進みますが、ここで試

されるのは漢字能力です。「漢字の知識」を発揮して、漢字パズルに挑戦してください。
つまり、くずし字の解読能力と、漢字知識能力がある程度のレベルに達していないとゴールできません。でも、両方の能力を兼備していなければ解けないというわけではありません。

攻略方法は、二つあります。一つは、くずし字解読に自信のある人は、くずし字から漢字問題を攻め落とすことです。もう一つは、漢字知識に自信がある人は、漢字検定の問題として解いて、そこから戻って読めないくずし字を攻め落とすことです。

これまで潮出版社からは潮新書として本書を含め七冊のくずし字・古文書関係の本を出させていただいておりますが、新書版という携帯しやすい大きさを生かし、いつでもどこでもちょっとした気分転換に、くずし字・古文書シリーズを活用され、ご自身のくずし字・漢字の実力を確かめていただければ幸いです。

令和四年五月三日

一般社団法人古文書解読検定協会代表理事　小林正博

楽しく学べる！　くずし字・古文書パズル②◉目次

装丁／清水良洋（Malpu Design）

「古文書解読検定」について

本邦初の「古文書の解読検定」と銘打って、二〇一六年七月からスタートした検定試験です。三級・準二級・二級までが郵送形式の試験、準一級・一級は会場での試験になっています。

これまで、検定対策本として柏書房から『実力判定 古文書解読力』、『誤読例に学ぶくずし字――古文書解読検定総復習』、宝島社から『読み書きで楽しく学ぶ くずし字入門』、潮出版社から『いろはで学ぶ！ くずし字・古文書入門』『解いて覚える！ くずし字・古文書ドリル』などの「くずし字・古文書シリーズ」七冊、合計十冊を出版しています。

本検定の特徴は、合否はもちろん総合順位、問題別正解率、都道府県別合格者数などがわかることで、なかなか刺激的な試験になっており、開始以来五年で合格者は千名を超えました。

本検定に興味のある方は、古文書解読検定協会へおハガキまたは協会ホームページより「検定案内パンフ」をご請求ください（「古文書解読検定」で検索）。

おハガキでの検定案内パンフ請求先（郵便番号　住所　お名前・年齢を記入の上）

〒192-0082　八王子市東町6-8-202　古文書解読検定協会宛

共通一字問題

□の中に共通する漢字を入れて二字の熟語を完成させる問題です。一三頁の例題を使って解き方を説明します。まず、例題(1)のくずし字を解読すると、「□学・□将・□切・□小」となります。そして四つの□には共通する漢字一字が入ります。そのため、この問題は「共通一字問題」と名付けました。答えは、「大」ですね。

つまり「大学・大将・大切・大小」と「大」のつく四つの二字熟語が出来上がります。くずし字で問題を作成しているので、ややむずかしくなっています。そこで「ヒント」の欄の中に、□に入る漢字のくずし字を入れておきましたので、そこから答えを探してください。もちろん、解読にも漢字にも自信のある人は「ヒント」に頼らないで解いてみてください。

共通一字問題 例題

(1)~(3) の□には、それぞれ共通する一字の漢字が入ります。二字の熟語になるように答えをみつけてください。答えはヒントの中にあります。

(1) □ □ □ □ ⇨ □

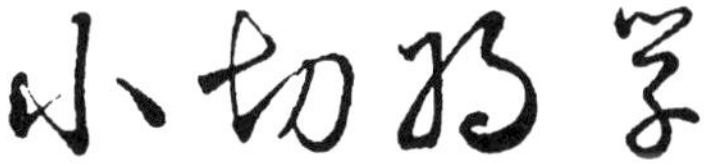

(2) □ □ □ □ ⇨ □

(3) □ □ □ □ ⇨ □

【ヒント】

共通一字問題 例題解答

(1)

（大小）（大切）（大将）（大学）

⇨ 大

(2)

（立場）（立案）（立法）（立身）

⇨ 立

(3)

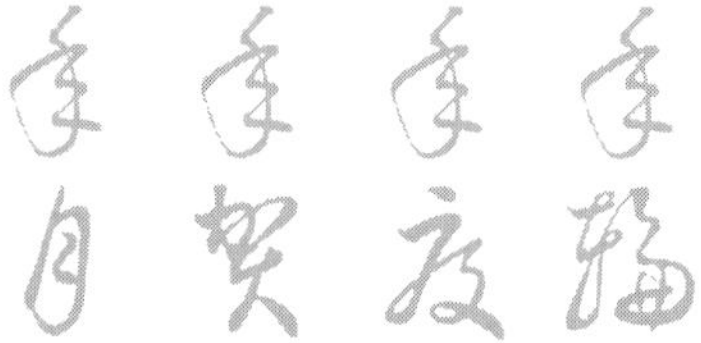

（年月）（年賀）（年度）（年輪）

⇨ 年

【ヒントの解読】

自　大　線　立　中　年

共通一字問題①

(1)~(3) の□には、それぞれ共通する一字の漢字が入ります。二字の熟語になるように答えをみつけてください。答えはヒントの中にあります。

(1)

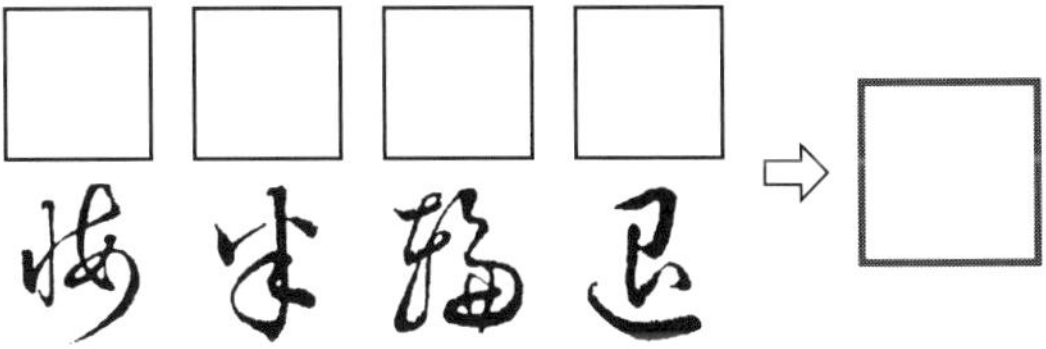

(2)

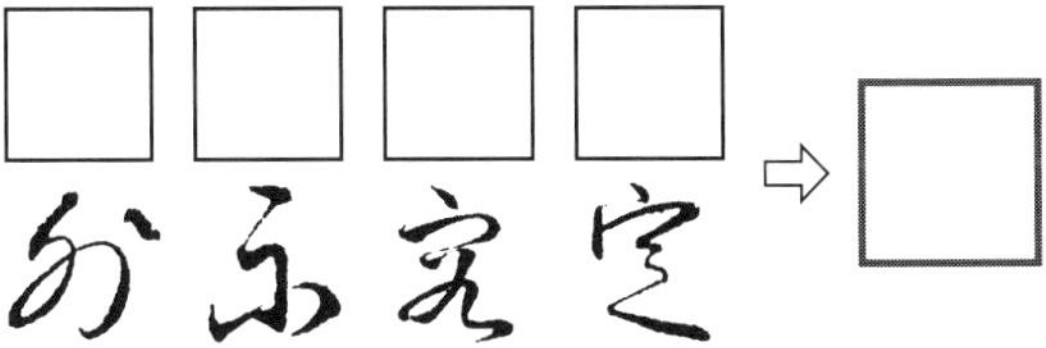

(3)

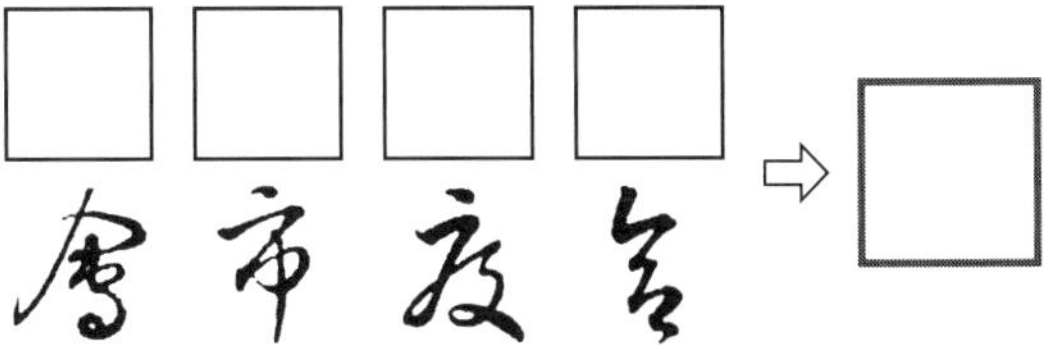

【ヒント】

解答

(1)

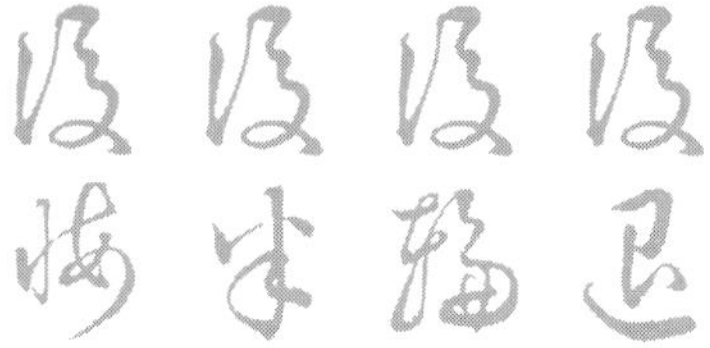

（後悔）（後半）（後輪）（後退）

⇨ **後**

(2)

（内外）（内示）（内容）（内定）

⇨ **内**

(3)

（都会）（都市）（都度）（都合）

⇨ **都**

※「会」は旧字の「會」

【ヒントの解読】

話　都　指　内　進　後

共通一字問題②

(1)~(3) の□には、それぞれ共通する一字の漢字が入ります。二字の熟語になるように答えをみつけてください。答えはヒントの中にあります。

(1) □ □ □ □ ⇨ □

(2) □ □ □ □ ⇨ □

(3) □ □ □ □ ⇨ □

【ヒント】

解　答

(1)

（砂岩）（砂場）（砂金）（砂利）

⇨ 砂

(2)

（風雨）（風車）（風化）（風情）

⇨ 風

(3)

（早朝）（早耳）（早速）（早退）

⇨ 早

【ヒントの解読】

前　砂　今　風　公　早

共通一字問題③

(1)~(3) の□には、それぞれ共通する一字の漢字が入ります。二字の熟語になるように答えをみつけてください。答えはヒントの中にあります。

(1)

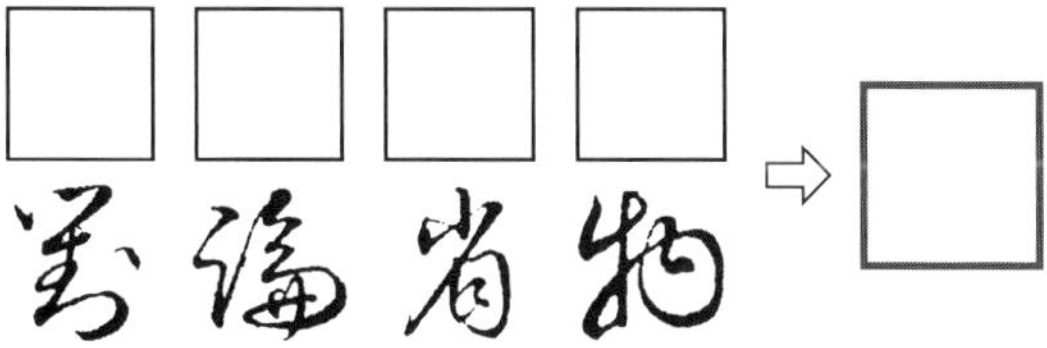

(2)

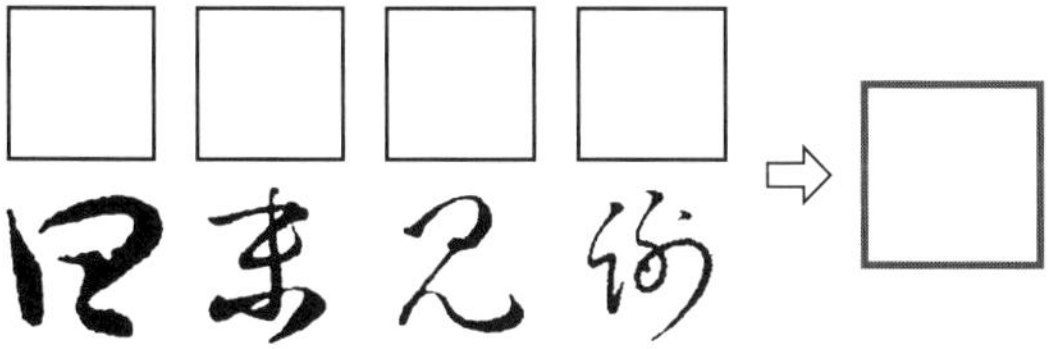

(3)

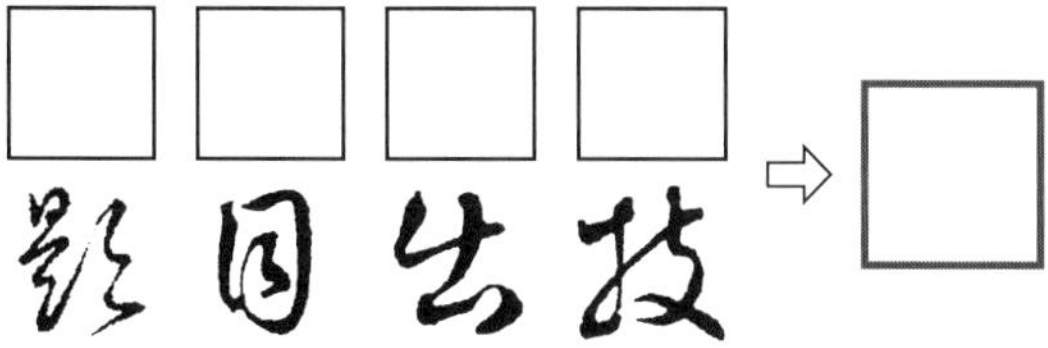

【ヒント】

解　答

(1)

（反対）　（反論）　（反省）　（反物）

⇨ **反**

(2)

（月日）　（月末）　（月見）　（月謝）

⇨ **月**

(3)

（演題）　（演目）　（演出）　（演技）

⇨ **演**

【ヒントの解読】

私　反　両　演　荷　月

※「対」は旧字の「對」

共通一字問題④

(1)~(3) の□には、それぞれ共通する一字の漢字が入ります。二字の熟語になるように答えをみつけてください。答えはヒントの中にあります。

(1) □□□□ ⇨ □

(2) □□□□ ⇨ □

(3) □□□□ ⇨ □

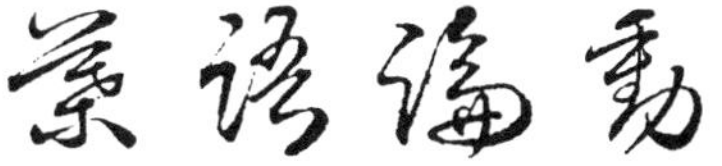

【ヒント】

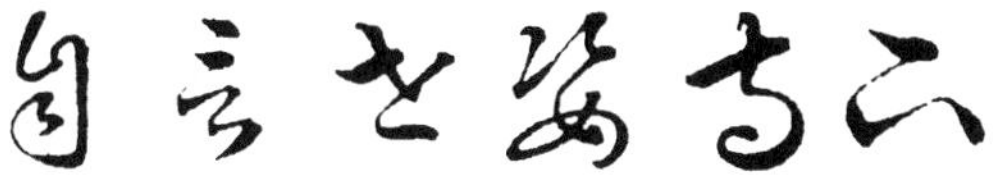

解答

(1)

（下位）　（下山）　（下足）　（下車）

⇨ 下

(2)

（世襲）　（世間）　（世代）　（世界）

⇨ 世

(3)

（言葉）　（言語）　（言論）　（言動）

⇨ 言

【ヒントの解読】

自　言　世　姿　寺　下

共通一字問題⑤

(1)~(3) の□には、それぞれ共通する一字の漢字が入ります。二字の熟語になるように答えをみつけてください。答えはヒントの中にあります。

(1) □□□□ ⇨ □

(2) □□□□ ⇨ □

(3) □□□□ ⇨ □

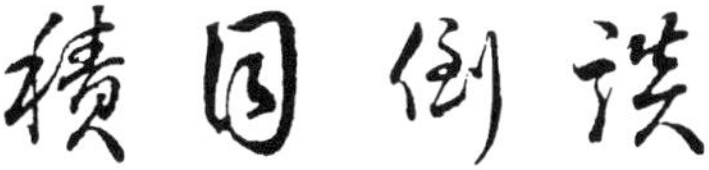

【ヒント】

解　答

(1)

（新年）（新人）（新規）（新書）

⇨ 新

(2)

（食物）（食欲）（食堂）（食事）

⇨ 食

(3)

（面積）（面目）（面倒）（面談）

⇨ 面

【ヒントの解読】

持　室　食　面　新　式

共通一字問題⑥

(1)~(3) の□には、それぞれ共通する一字の漢字が入ります。二字の熟語になるように答えをみつけてください。答えはヒントの中にあります。

(1) □ □ □ □ ⇨ □

(2) □ □ □ □ ⇨ □

(3) □ □ □ □ ⇨ □

【ヒント】

解　答

(1)

（原野）（原子）（原発）（原因）

⇨ 原

(2)

（解説）（解答）（解決）（解放）

⇨ 解

(3)

（前例）（前屈）（前提）（前進）

⇨ 前

【ヒントの解読】

昔　前　原　随　弱　解

※「発」は旧字の「發」、「野」は異体字の「墅」、「解」は異体字の「觧」

共通一字問題⑦

(1)~(3) の□には、それぞれ共通する一字の漢字が入ります。二字の熟語になるように答えをみつけてください。答えはヒントの中にあります。

(1)

(2)

(3)

【ヒント】

解　答

(1)

⇨ 急

（急所）（急流）（急激）（急行）

(2)

⇨ 意

（意義）（意向）（意志）（意見）

(3)

⇨ 温

（温和）（温帯）（温度）（温暖）

【ヒントの解読】

宅　温　孫　意　急　打

共通一字問題⑧

(1)~(3) の□には、それぞれ共通する一字の漢字が入ります。二字の熟語になるように答えをみつけてください。答えはヒントの中にあります。

(1)

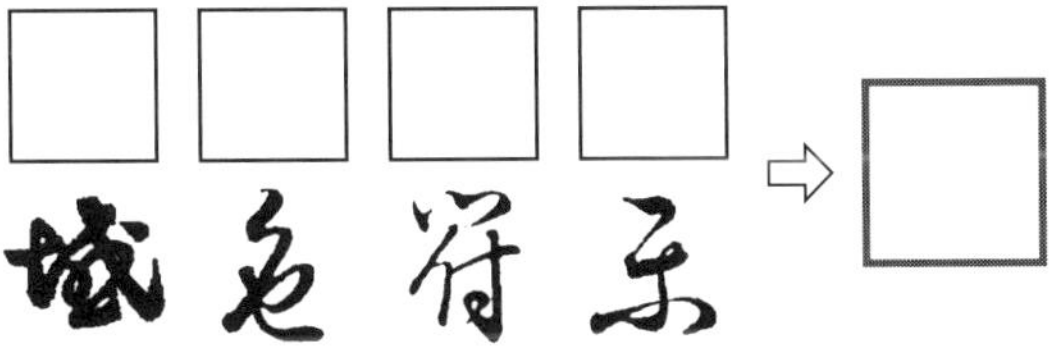

(2)

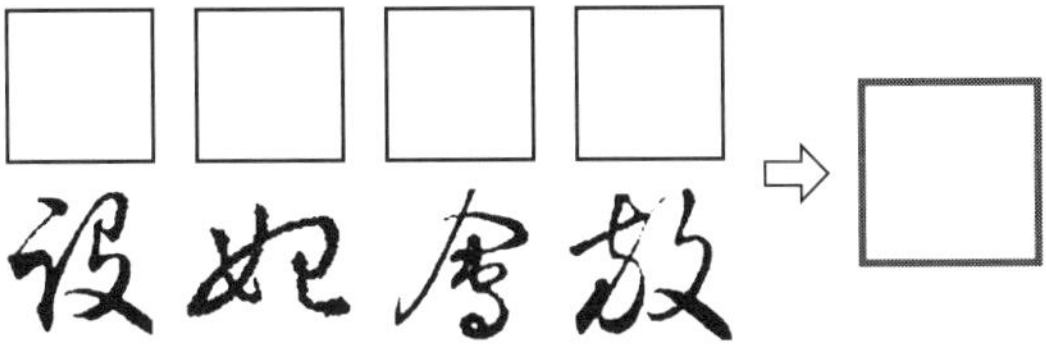

(3)

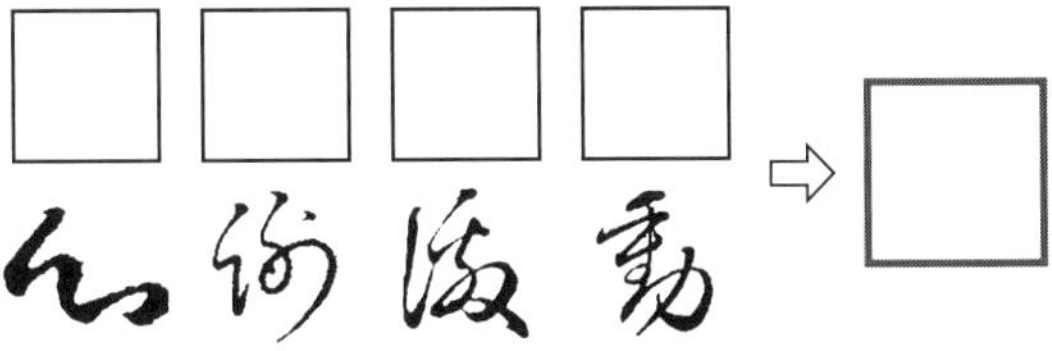

【ヒント】

解　答

(1)

（音域）（音色）（音符）（音楽）

⇨ **音**

(2)

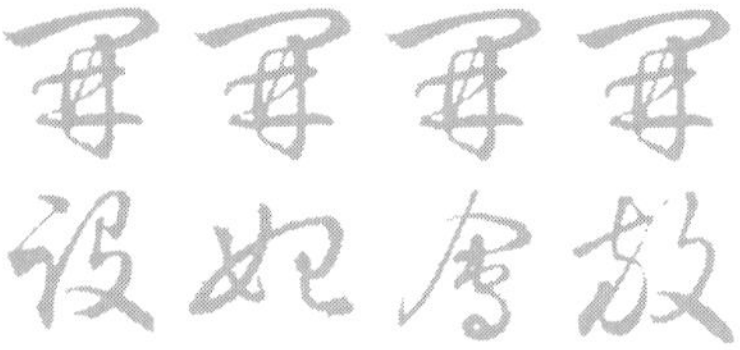

（開設）（開始）（開会）（開放）

⇨ **開**

(3)

（感心）（感謝）（感激）（感動）

⇨ **感**

【ヒントの解読】

感　為　音　単　男　開

※「会」は旧字の「會」、「楽」は異体字の「乐」

共通一字問題⑨

(1)~(3) の□には、それぞれ共通する一字の漢字が入ります。二字の熟語になるように答えをみつけてください。答えはヒントの中にあります。

(1) □ □ □ □ ⇨ □

(2) □ □ □ □ ⇨ □

(3) □ □ □ □ ⇨ □

【ヒント】

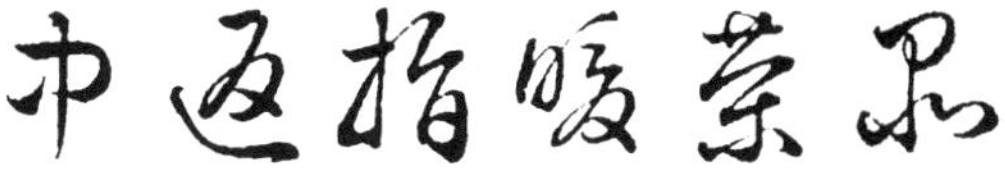

解答

(1)

（指南）（指示）（指導）（指切）

⇨ **指**

(2)

（返信）（返礼）（返済）（返事）

⇨ **返**

(3)

（品種）（品詞）（品格）（品質）

⇨ **品**

※「済」は旧字の「濟」、「礼」は旧字の「禮」

【ヒントの解読】

中　返　指　暖　茶　品

共通一字問題⑩

(1)~(3) の□には、それぞれ共通する一字の漢字が入ります。二字の熟語になるように答えをみつけてください。答えはヒントの中にあります。

(1) □ □ □ □ ⇨ □

(2) □ □ □ □ ⇨ □

(3) □ □ □ □ ⇨ □

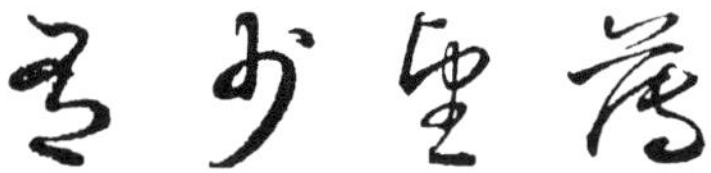

【ヒント】

解答

(1)

（名作）　（名所）　（名刺）　（名詞）

⇨ 名

(2)

（手前）　（手編）　（手首）　（手紙）

⇨ 手

(3)

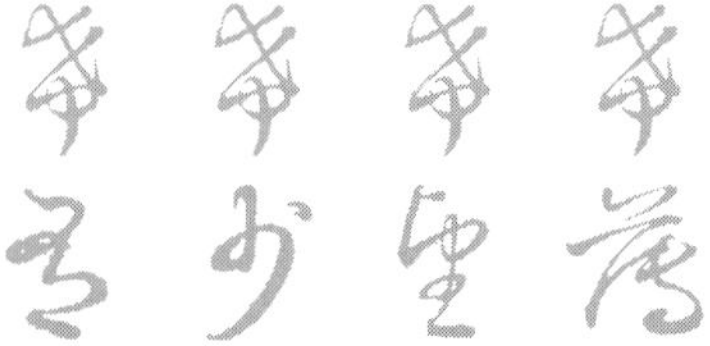

（希有）　（希少）　（希望）　（希薄）

⇨ 希

【ヒントの解読】

希　事　好　名　質　手

共通一字問題⑪

(1)~(3) の□には、それぞれ共通する一字の漢字が入ります。二字の熟語になるように答えをみつけてください。答えはヒントの中にあります。

(1)

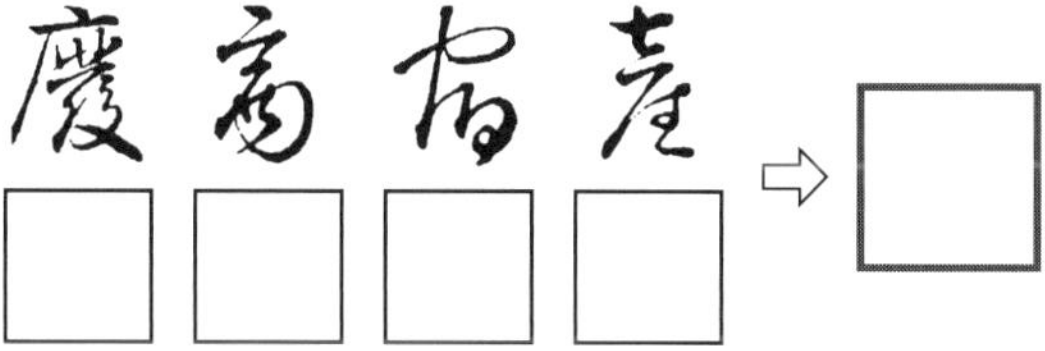

(2)

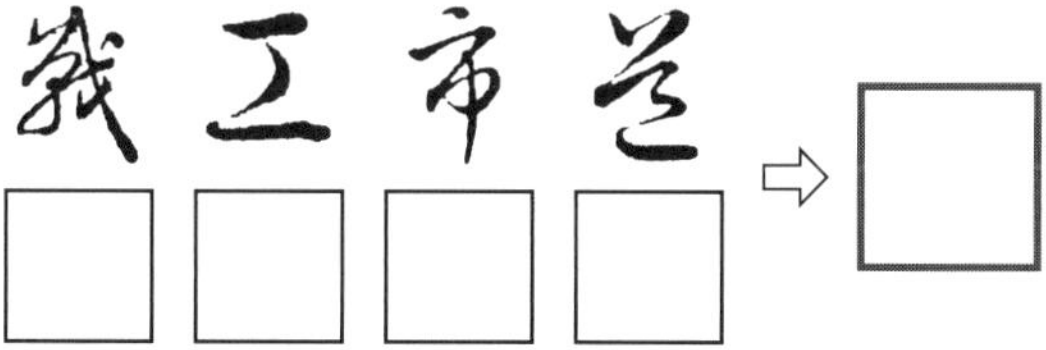

(3)

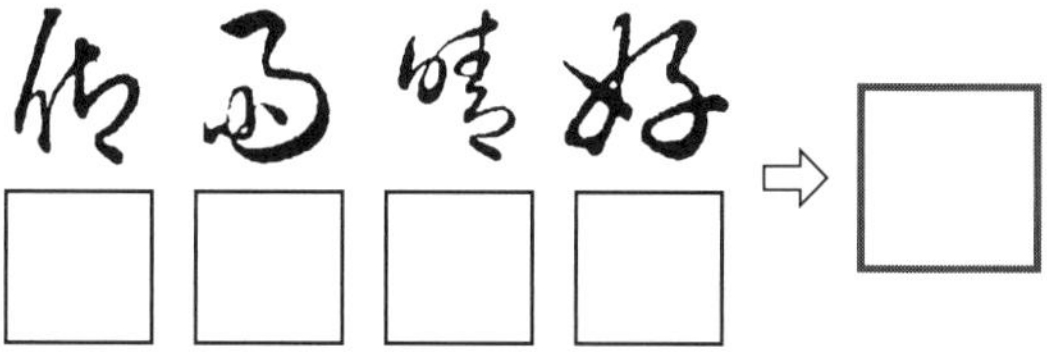

【ヒント】

解答

(1)

（廃業）　（商業）　（宿業）　（産業）

⇨ **業**

(2)

（戦場）　（工場）　（市場）　（道場）

⇨ **場**

(3)

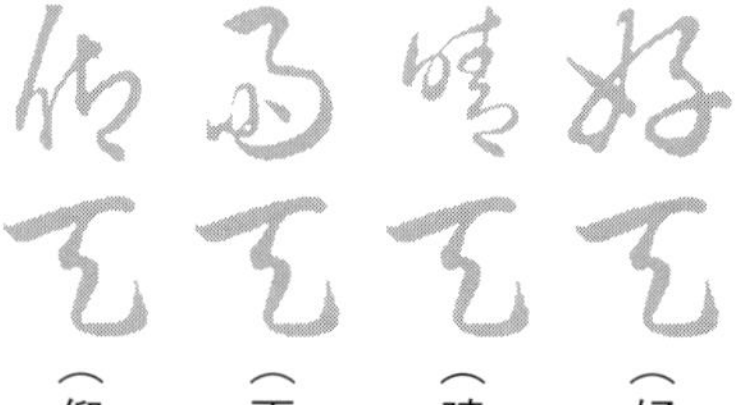

（仰天）　（雨天）　（晴天）　（好天）

⇨ **天**

【ヒントの解読】

天　場　追　注　業　帳

※「廃」は旧字の「廢」

共通一字問題⑫

(1)~(3) の□には、それぞれ共通する一字の漢字が入ります。二字の熟語になるように答えをみつけてください。答えはヒントの中にあります。

(1)

□□□□ ⇨ □

(2)

□□□□ ⇨ □

(3)

□□□□ ⇨ □

【ヒント】

解答

(1)

（会合）（併合）（割合）（集合）

⇨ 合

(2)

（草花）（桜花）（開花）（綿花）

⇨ 花

(3)

（再生）（学生）（誕生）（先生）

⇨ 生

※「会」は旧字の「會」

【ヒントの解読】

貫　花　停　合　的　生

共通一字問題⑬

(1)~(3) の□には、それぞれ共通する一字の漢字が入ります。二字の熟語になるように答えをみつけてください。答えはヒントの中にあります。

(1)

(2)

(3)

【ヒント】

解答

(1)

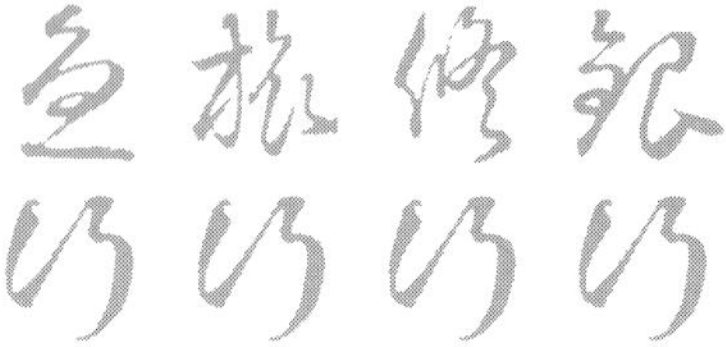

（急行）（旅行）（修行）（銀行）

⇨ 行

(2)

（牛歩）（徒歩）（散歩）（進歩）

⇨ 歩

(3)

（実家）（本家）（作家）（農家）

⇨ 家

【ヒントの解読】

逃　背　歩　家　行　敗

共通一字問題⑭

(1)~(3) の□には、それぞれ共通する一字の漢字が入ります。二字の熟語になるように答えをみつけてください。答えはヒントの中にあります。

(1)

(2)

(3)

【ヒント】

解答

(1)

（電車）（愛車）（風車）（貨車）

⇨ **車**

(2)

（数字）（誤字）（漢字）（習字）

⇨ **字**

(3)

（没落）（集落）（当落）（段落）

⇨ **落**

※「当」は旧字の「當」

【ヒントの解読】

表　車　落　部　標　字

共通一字問題⑮

(1)~(3) の□には、それぞれ共通する一字の漢字が入ります。二字の熟語になるように答えをみつけてください。答えはヒントの中にあります。

(1)

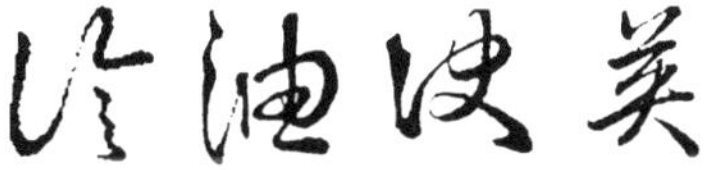

⇨

(2)

⇨

(3)

⇨

【ヒント】

解　答

(1)

（診断）（油断）（決断）（英断）

⇨ **断**

(2)

（用具）（寝具）（敬具）（道具）

⇨ **具**

(3)

（馬力）（怪力）（腕力）（浮力）

⇨ **力**

※「怪」は異体字の「恠」

【ヒントの解読】

炎　亡　具　断　味　力

共通一字問題⑯

(1)~(3) の□には、それぞれ共通する一字の漢字が入ります。二字の熟語になるように答えをみつけてください。答えはヒントの中にあります。

(1)

(2)

(3)

【ヒント】

解　答

(1)

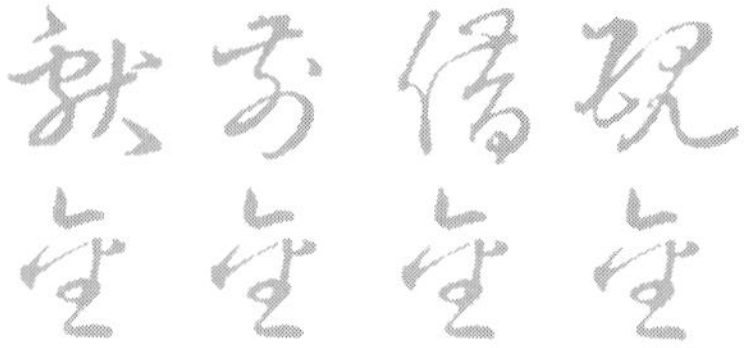

（献金）（前金）（借金）（現金）

⇨ **金**

(2)

（委員）（定員）（議員）（会員）

⇨ **員**

(3)

（口実）（真実）（確実）（果実）

⇨ **実**

※「会」は旧字の「會」

【ヒントの解読】

養　頼　員　実　金　役

共通一字問題⑰

(1)~(3) の□には、それぞれ共通する一字の漢字が入ります。二字の熟語になるように答えをみつけてください。答えはヒントの中にあります。

(1)

(2)
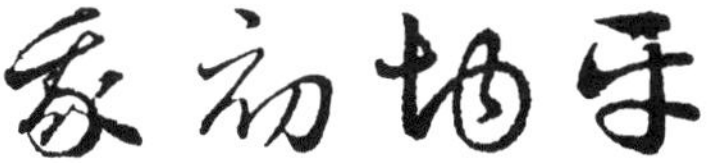

(3)
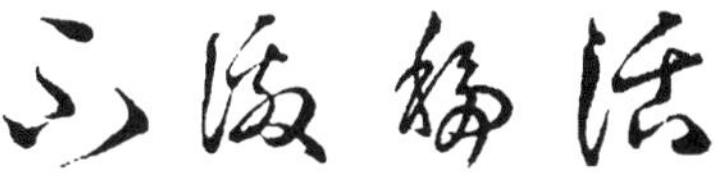

【ヒント】

解答

(1)

（保護）（看護）（援護）（介護）

⇨ **護**

(2)

（我等）（初等）（均等）（平等）

⇨ **等**

(3)

（不動）（激動）（移動）（活動）

⇨ **動**

【ヒントの解読】

箇　等　護　逸　動　宛

※「等」は異体字の「ホ」

共通一字問題⑱

(1)~(3) の□には、それぞれ共通する一字の漢字が入ります。二字の熟語になるように答えをみつけてください。答えはヒントの中にあります。

(1)

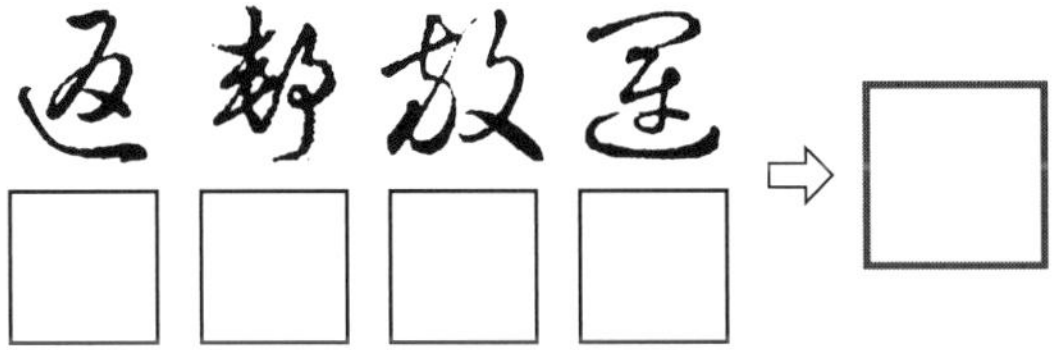

(2)

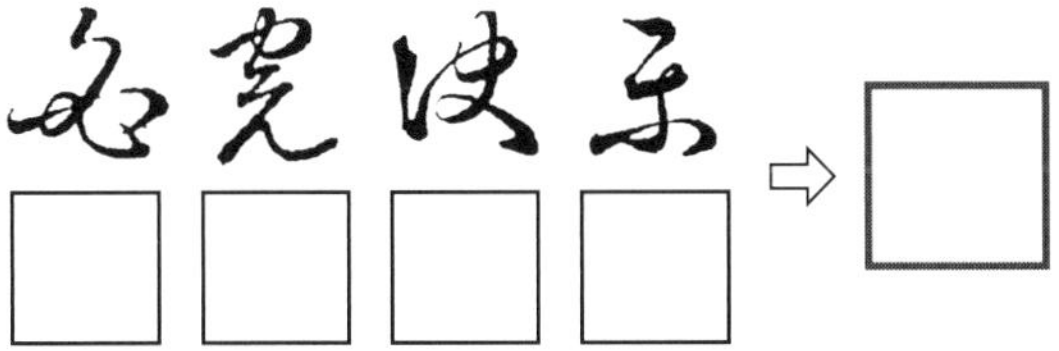

(3)

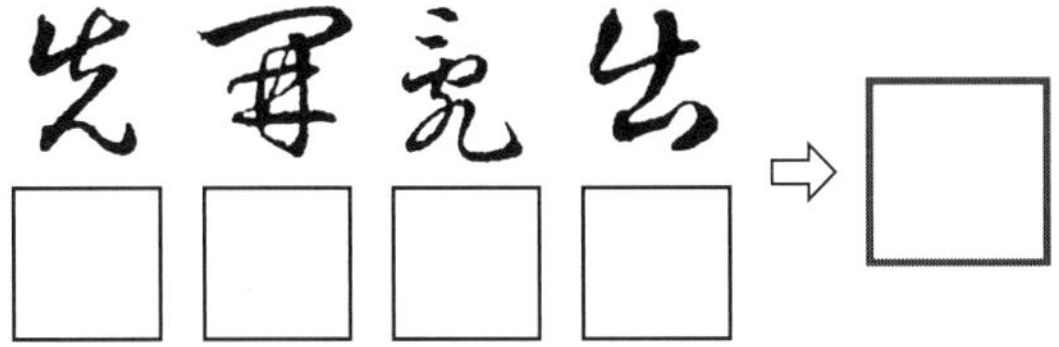

【ヒント】

解　答

(1)

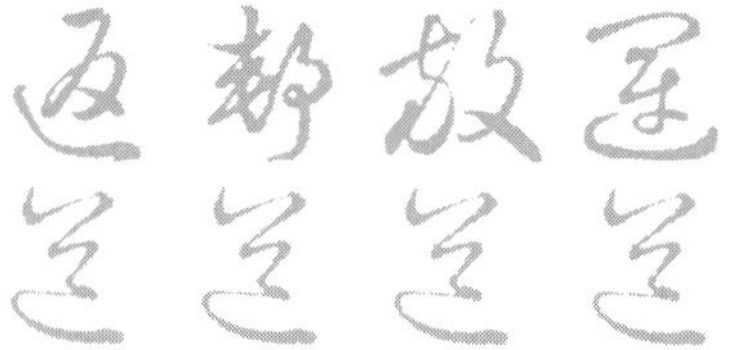

（返送）（郵送）（放送）（運送）

⇨ 送

(2)

（必勝）（完勝）（決勝）（楽勝）

⇨ 勝

(3)

（先発）（開発）（乱発）（出発）

⇨ 発

※「発」のくずし字注意。「乱」は旧字の「亂」

【ヒントの解読】

握　発　勝　渡　労　送

共通一字問題⑲

(1)~(3) の□には、それぞれ共通する一字の漢字が入ります。二字の熟語になるように答えをみつけてください。答えはヒントの中にあります。

(1)

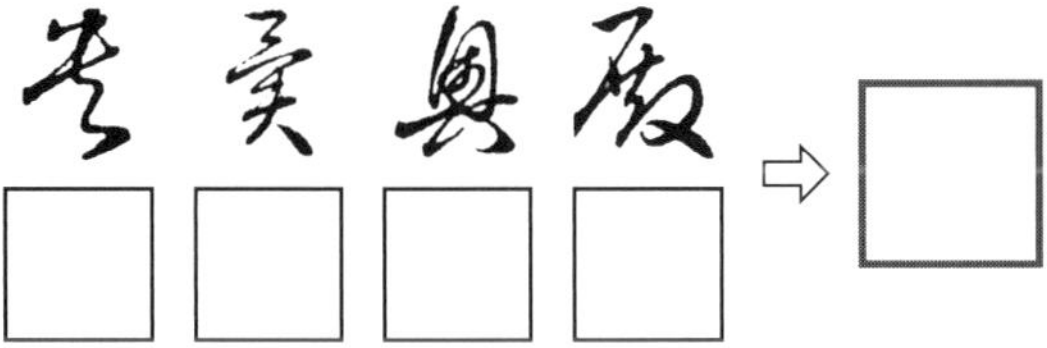

(2)

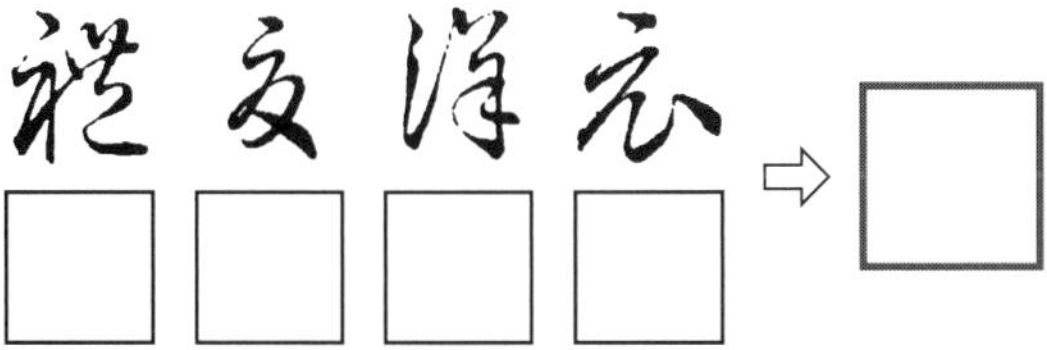

(3)

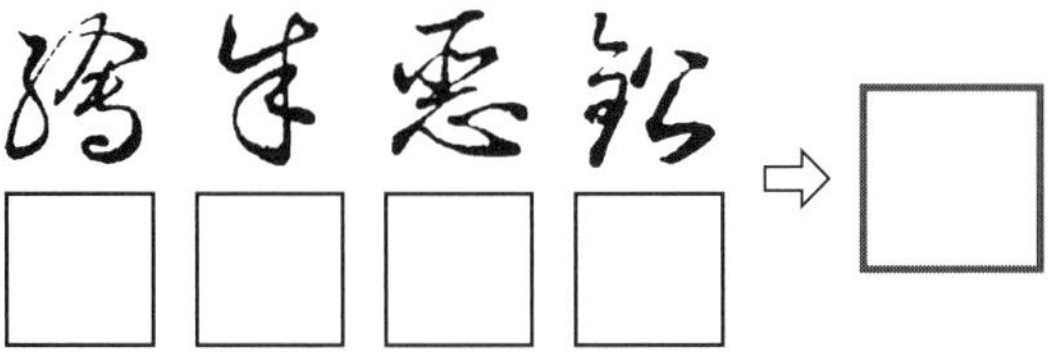

【ヒント】

解　答

(1)

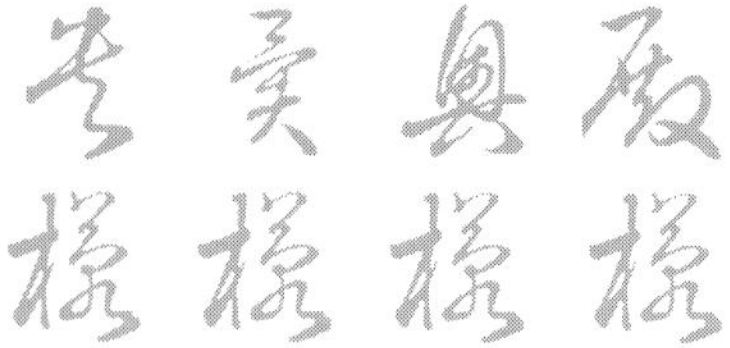

（貴様）　（異様）　（奥様）　（殿様）

⇨ **様**

(2)

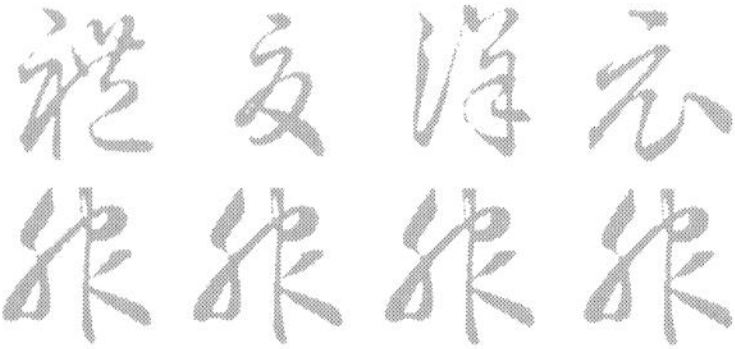

（礼服）　（夏服）　（洋服）　（衣服）

⇨ **服**

(3)

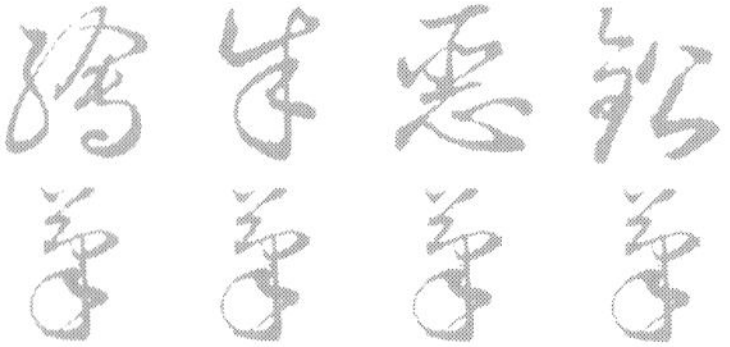

（絵筆）　（朱筆）　（悪筆）　（鉛筆）

⇨ **筆**

【ヒントの解読】

近　様　共　筆　服　禁

※「異」は異体字の「吴」、「礼」は旧字の「禮」、「絵」は旧字の「繪」

共通一字問題⑳

(1)~(3) の□には、それぞれ共通する一字の漢字が入ります。二字の熟語になるように答えをみつけてください。答えはヒントの中にあります。

(1)

⇨ □

(2)

⇨ □

(3)
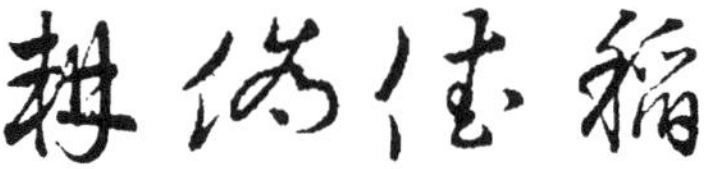
⇨ □

【ヒント】

解　答

(1)

⇨ 問

（愚問）（訪問）（疑問）（質問）

(2)

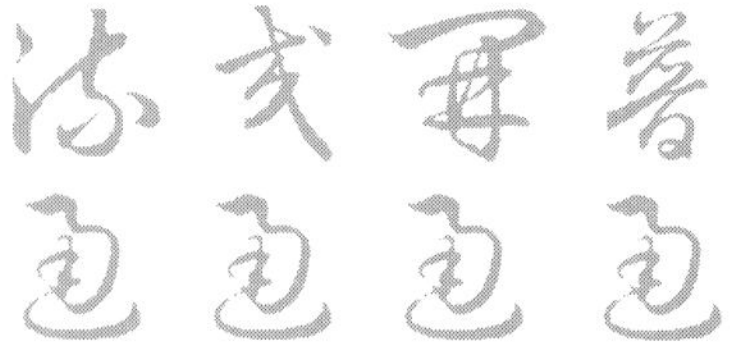

⇨ 通

（流通）（交通）（開通）（普通）

(3)

⇨ 作

（耕作）（偽作）（佳作）（稲作）

※「交」のくずし字注意

【ヒントの解読】

害　問　館　通　作　換

二字熟語問題

ここでは、「読み」がむずかしい二字熟語を材料に問題を作成しています。問題はすべて漢字のくずし字になっていますから、解読能力がまず試されます。あいうえお順に並べていますので、ヒントにしてください。

正しく解読できるか、正しく読めるか、この二つの壁を超えられないとゴールにたどり着きません。一頁に十題ありますから、七題正解をめざしてください。特に解読力は、七割以上できれば古文書解読検定三級合格レベルに十分達していると思います。

二字熟語問題 例題

次のくずし字を解読し、□□の中に常用漢字で書き入れ、【　　】には読みを書いてください。

※読みはあいうえお順です。

(5)　(4)　(3)　(2)　(1)

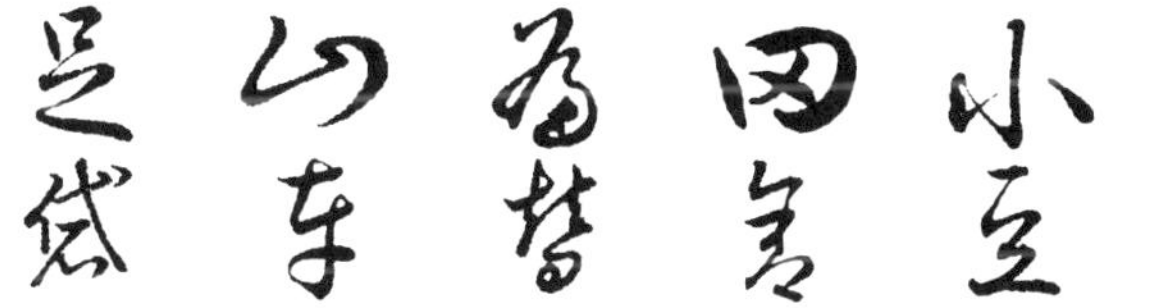

(10)　(9)　(8)　(7)　(6)

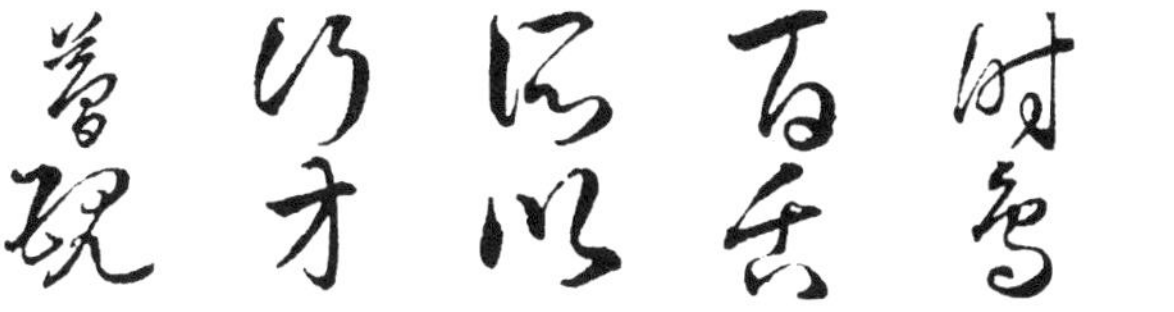

二字熟語問題 例題解答

(1)

小豆《あずき》

(2)

田舎《いなか》

(3)

為替《かわせ》

(4)

山車《だし》

(5)

足袋《たび》

(6)

時鳥《ほととぎす》

(7)

百舌《もず》

(8)

所以《ゆえん》

(9)

行方《ゆくえ》

(10)

夢現《ゆめうつつ》

二字熟語問題①

次のくずし字を解読し、□□の中に常用漢字で書き入れ、【　　】には読みを書いてください。

※読みはあいうえお順です。

(1)

(2)

(3)

(4)

(5)

(6)

(7)

(8)

(9)

(10)

解　答

(1)

欠伸《あくび》

(2)

天晴《あっぱれ》

(3)

塩梅《あんばい》

(4)

漁火《いさりび》

(5)

一矢《いっし》

(6)

息吹《いぶき》

(7)

悪寒《おかん》

(8)

母屋《おもや》

(9)

神楽《かぐら》

(10)

風邪《かぜ》

二字熟語問題②

次のくずし字を解読し、□□の中に常用漢字で書き入れ、【　　】には読みを書いてください。

※読みはあいうえお順です。

(1)

(2)

(3)

(4)

(5)

(6)

(7)

(8)

(9)

(10)

解　答

(1)

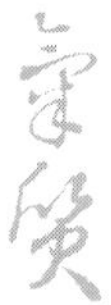

気質《かたぎ》

(2)

合点《がてん》

(3)

仮初《かりそめ》

(4)

神主《かんぬし》

(5)

気障《きざ》

(6)

如月《きさらぎ》

(7)

久遠《くおん》

(8)

海月《くらげ》

(9)

玄人《くろうと》

(10)

境内《けいだい》

※「気」は旧字の「氣」、「点」は旧字の「點」、「仮」は旧字の「假」

二字熟語問題③

次のくずし字を解読し、□□の中に常用漢字で書き入れ、【　　】には読みを書いてください。

※読みはあいうえお順です。

(1)

(2)

(3)

(4)

(5)

(6)

(7)

(8)

(9)

(10)

解答

(1)

夏至《げし》

(2)

外連《けれん》

(3)

石高《こくだか》

(4)

声色《こわいろ》

(5)

今昔《こんじゃく》

※「声」は旧字の「聲」

(6)

建立《こんりゅう》

(7)

財布《さいふ》

(8)

流石《さすが》

(9)

五月《さつき》

(10)

詩歌《しいか》

二字熟語問題④

次のくずし字を解読し、□□の中に常用漢字で書き入れ、【　　】には読みを書いてください。

※読みはあいうえお順です。

(1)

【　　】

(2)

【　　】

(3)

【　　】

(4)

【　　】

(5)

【　　】

(6)

【　　】

(7)

【　　】

(8)

【　　】

(9)

【　　】

(10)

【　　】

解答

(1)

直筆《じきひつ》

(2)

仕草《しぐさ》

(3)

時雨《しぐれ》

(4)

支度《したく》

(5)

竹刀《しない》

(6)

東雲《しののめ》

(7)

芝生《しばふ》

(8)

赤銅《しゃくどう》

(9)

若干《じゃっかん》

(10)

砂利《じゃり》

二字熟語問題⑤

次のくずし字を解読し、□□の中に常用漢字で書き入れ、【　　】には読みを書いてください。

※読みはあいうえお順です。

(1)

(2)

(3)

(4)

(5)

(6)

(7)

(8)

(9)

(10)

解答

(1)〜(5)

(1) 祝言《しゅうげん》

(2) 数珠《じゅず》

(3) 所望《しょもう》

(4) 素人《しろうと》

(5) 師走《しわす》

(6)〜(10)

(6) 出納《すいとう》

(7) 歳暮《せいぼ》

(8) 殺生《せっしょう》

(9) 雪隠《せっちん》

(10) 素行《そこう》

二字熟語問題⑥

次のくずし字を解読し、□□の中に常用漢字で書き入れ、【　　】には読みを書いてください。

※読みはあいうえお順です。

(1)

(2)

(3)

(4)

(5)

(6)

(7)

(8)

(9)

(10)

解答

(1) (2) (3) (4) (5)

太刀《たち》　店賃《たなちん》　七夕《たなばた》　断食《だんじき》　反物《たんもの》

(6) (7) (8) (9) (10)

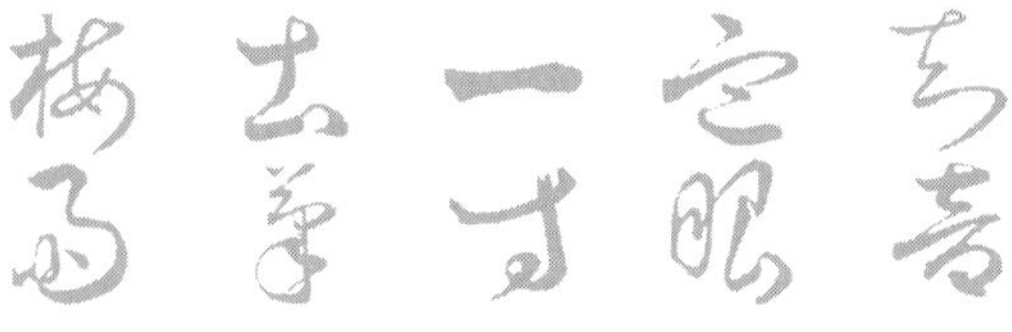

知音《ちいん》　血眼《ちまなこ》　一寸《ちょっと》　土筆《つくし》　梅雨《つゆ》

二字熟語問題⑦

次のくずし字を解読し、□□の中に常用漢字で書き入れ、【　　】には読みを書いてください。

※読みはあいうえお順です。

(1)

(2)

(3)

(4)

(5)

(6)

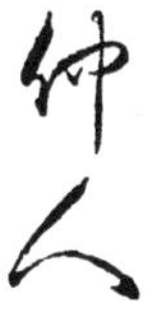

(7)

(8)

(9)

(10)

解答

(1)

体裁《ていさい》

(2)

点前《てまえ》

(3)

冬至《とうじ》

(4)

遠江《とおとうみ》

(5)

常夏《とこなつ》

※「体」は旧字の「體」、「点」は旧字の「點」

(6)

仲人《なこうど》

(7)

名残《なごり》

(8)

雪崩《なだれ》

(9)

何卒《なにとぞ》

(10)

苗代《なわしろ》

二字熟語問題⑧

次のくずし字を解読し、□□の中に常用漢字で書き入れ、【　　】には読みを書いてください。

※読みはあいうえお順です。

(1)

【　　】

(2)

【　　】

(3)

【　　】

(4)

【　　】

(5)

【　　】

(6)

【　　】

(7)

【　　】

(8)

【　　】

(9)

【　　】

(10)

【　　】

解答

(1)

納戸《なんど》

(2)

抜刷《ぬきずり》

(3)

塗師《ぬし》

(4)

盗人《ぬすっと》

(5)

音色《ねいろ》

※「野」は異体字の「墅」

(6)

祝詞《のりと》

(7)

野分《のわき》

(8)

非業《ひごう》

(9)

氷雨《ひさめ》

(10)

筆舌《ひつぜつ》

二字熟語問題⑨

次のくずし字を解読し、□□の中に常用漢字で書き入れ、【　　】には読みを書いてください。

※読みはあいうえお順です。

(1)

(2)

(3)

(4)

(5)

(6)

(7)

(8)

(9)

(10)

解　答

(1)

海星《ひとで》

(2)

日和《ひより》

(3)

布団《ふとん》

(4)

吹雪《ふぶき》

(5)

下手《へた》

※「団」は旧字の「團」

(6)

迷子《まいご》

(7)

神酒《みき》

(8)

美作《みまさか》

(9)

土産《みやげ》

(10)

御幸《みゆき》

二字熟語問題⑩

次のくずし字を解読し、□□の中に常用漢字で書き入れ、【　　】には読みを書いてください。

※読みはあいうえお順です。

(1)

(2)

(3)

(4)

(5)

(6)

(7)

(8)

(9)

(10)

解答

(1)

百足《むかで》

(2)

面目《めんぼく》

(3)

猛者《もさ》

(4)

没官《もっかん》

(5)

野暮《やぼ》

(6)

遊説《ゆうぜい》

(7)

浴衣《ゆかた》

(8)

黄泉《よみ》

(9)

礼賛《らいさん》

(10)

流布《るふ》

※「遊」は異体字の「遊」、「野」は異体字の「墅」、「礼」は旧字の「禮」

三 字熟語問題

三つの漢字からなる三字熟語の問題です。

まず三字のくずし字を解読します。そして□□□の中に漢字を書き入れます。

なんとか解読してください。そうしないと次の段階に進めません。

解読できたらその読みを、【　】の中に書いてください。なお、読みはあいうえお順に並べています。それでも、読みがややむずかしい三字熟語になっているので、よく考えて答えてください。

三字熟語問題 例題

次のくずし字を解読し、□□□に書き、【　】にその読みを書き入れてください。

※読みはあいうえお順です。

(1)

(2)

(3)

(4)

三字熟語問題 例題解答

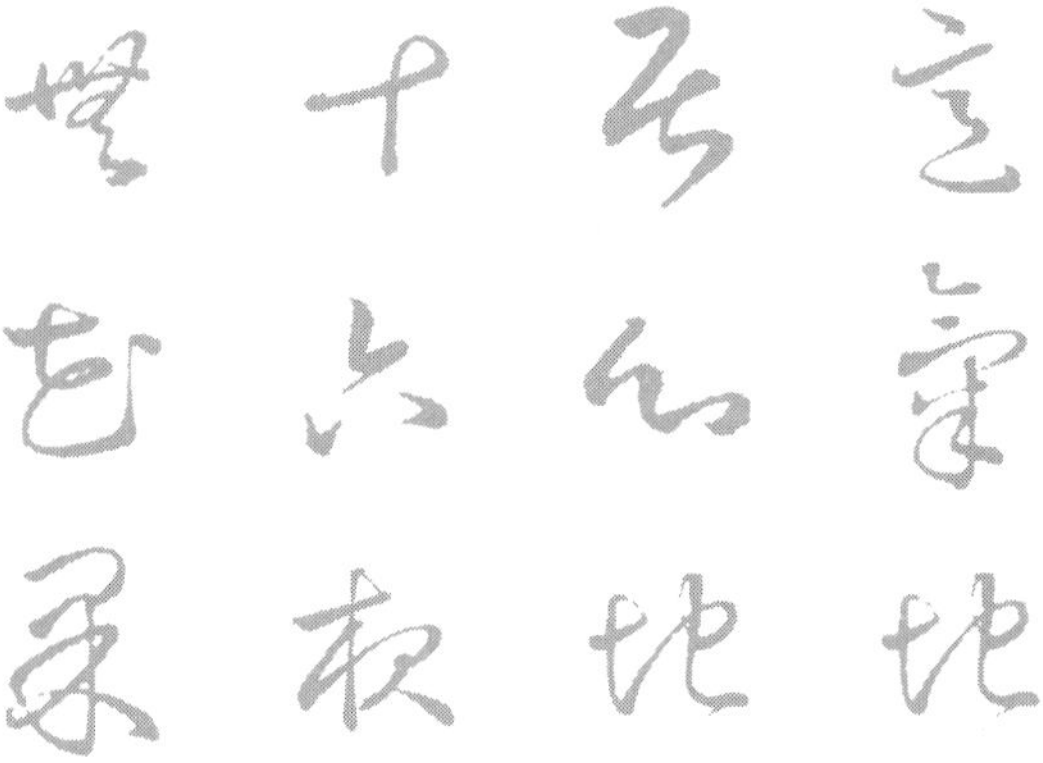

(1) 意気地【いくじ】

※「気」は旧字の「氣」

(2) 居心地【いごこち】

(3) 十六夜【いざよい】

(4) 無花果【いちじく】

三字熟語問題①

次のくずし字を解読し、□□□に書き、【　】にその読みを書き入れてください。

※読みはあいうえお順です。

(1)

(2)

(3)

(4)

解答

(1)

一家言【いっかげん】

(2)

有頂天【うちょうてん】

(3)

絵空事【えそらごと】

※「絵」は旧字の「繪」

(4)

御転婆【おてんば】

※「転」は旧字の「轉」

三字熟語問題②

次のくずし字を解読し、□□□に書き、【　】にその読みを書き入れてください。

※読みはあいうえお順です。

(1)

□□□

【　　】

(2)

□□□

【　　】

(3)

□□□

【　　】

(4)

□□□

【　　】

解　答

(1)

十八番【おはこ】

(2)

案山子【かかし】

(3)

句読点【くとうてん】

※「読」は旧字の「讀」、「点」は旧字の「點」

(4)

口分田【くぶんでん】

三字熟語問題③

次のくずし字を解読し、□□□に書き、【　】にその読みを書き入れてください。

※読みはあいうえお順です。

(1)

(2)

(3)

(4)

解答

(1)

下手物【げてもの】

(2)

古文書【こもんじょ】

(3)

最高値【さいこうち】

※「最」は異体字の「㝡」

(4)

雑魚寝【ざこね】

三字熟語問題④

次のくずし字を解読し、□□□に書き、【　】にその読みを書き入れてください。

※読みはあいうえお順です。

(1)

□□□

【　】

(2)

□□□

【　】

(3)

□□□

【　】

(4)

□□□

【　】

解　答

(1)

茶飯事【さはんじ】

(2)

五月雨【さみだれ】

(3)

茶話会【さわかい】

※「会」は旧字の「會」

(4)

秋刀魚【さんま】

三字熟語問題⑤

次のくずし字を解読し、□□□に書き、【　】にその読みを書き入れてください。

※読みはあいうえお順です。

(1)

(2)

(3)

(4)

解　答

(1)
直談判【じかだんぱん】

(2)
三味線【しゃみせん】

(3)
十姉妹【じゅうしまつ】

(4)
十二単【じゅうにひとえ】

三字熟語問題⑥

次のくずし字を解読し、□□□に書き、【　】にその読みを書き入れてください。

※読みはあいうえお順です。

(1)

(2)

(3)

(4)

解答

(1)

数寄屋【すきや】

(2)

高天原【たかまがはら】

(3)

伝馬船【てんません】

※「伝」は旧字の「傳」

(4)

湯治場【とうじば】

三字熟語問題⑦

次のくずし字を解読し、□□□に書き、【　】にその読みを書き入れてください。

※読みはあいうえお順です。

(1)

□□□

【　　】

(2)

□□□

【　　】

(3)

□□□

【　　】

(4)

□□□

【　　】

解答

(1)

道産子【どさんこ】

(2)

長丁場【ながちょうば】

(3)

生半可【なまはんか】

(4)

生兵法【なまびょうほう】

三字熟語問題⑧

次のくずし字を解読し、□□□に書き、【　】にその読みを書き入れてください。

※読みはあいうえお順です。

(1)

(2)

(3)

(4)

解　答

(1) 波止場【はとば】

(2) 他人事【ひとごと】

(3) 不細工【ぶさいく】

(4) 仏頂面【ぶっちょうづら】

※「仏」は旧字の「佛」

三字熟語問題⑨

次のくずし字を解読し、□□□に書き、【　】にその読みを書き入れてください。

※読みはあいうえお順です。

(1)

(2)

(3)

(4)

解　答

(1)

益荒男【ますらお】

(2)

愛弟子【まなでし】

(3)

水無月【みなづき】

(4)

目論見【もくろみ】

三字熟語問題⑩

次のくずし字を解読し、□□□に書き、【　】にその読みを書き入れてください。

※読みはあいうえお順です。

(1)

(2)

(3)

(4)

解　答

(1)

八百長【 やおちょう 】

(2)

八百万【 やおよろず 】

※「万」は旧字の「萬」

(3)

余所見【 よそみ 】

(4)

四方山【 よもやま 】

四字熟語問題

おなじみの「四字熟語」の問題です。

まず、くずし字を解読してみてください。すると上の四文字と下の四文字では一字だけちがっていることがわかります。

この問題は漢字検定などでよく出る問題で、間違いやすいものを集めました。

【　】に正しく書かれているくずし字の記号（「ア」か「イ」）を書き入れてください。

なお、読みはあいうえお順に並べていますので、それも解読のヒントにしてください。

四字熟語問題 例題

四字熟語のくずし字が二つ記されています。片方は正しく、もう一方は一字間違えています。

【　】に正しい方の記号を書き入れてください。

※読みはあいうえお順です。

(1)

ア

イ

【　】

(2)

ア

イ

【　】

(3)

ア

イ

【　】

(4)

ア

イ

【　】

四字熟語問題 例題解答

(1)

ア 異口同音

イ 異句同音

（いくどうおん）

【ア】

(2)

ア 意志表示

イ 意思表示

（いしひょうじ）

【イ】

(3)

ア 意心伝心

イ 以心伝心

（いしんでんしん）

※「伝」は旧字の「傳」

【イ】

(4)

ア 一陽来福

イ 一陽来復

（いちようらいふく）

【イ】

四字熟語問題①

四字熟語のくずし字が二つ記されています。片方は正しく、もう一方は一字間違えています。

【　】に正しい方の記号を書き入れてください。

※読みはあいうえお順です。

(1)

ア

イ

【　】

(2)

ア

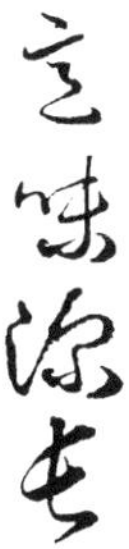

イ

【　】

(3)

ア

イ

【　】

(4)

ア

イ

【　】

解答

(1)

ア　一刀両断

イ　一投両断

（いっとうりょうだん）

【ア】

(2)

ア　意味深長

イ　意味深重

（いみしんちょう）

【ア】

(3)

ア　温故知新

イ　温古知新

（おんこちしん）

【ア】

(4)

ア　音信普通

イ　音信不通

（おんしんふつう）

【イ】

四字熟語問題②

四字熟語のくずし字が二つ記されています。片方は正しく、もう一方は一字間違えています。

【　】に正しい方の記号を書き入れてください。

※読みはあいうえお順です。

(1)

ア

イ

【　】

(2)

ア

イ

【　】

(3)

ア

イ

【　】

(4)

ア

イ

【　】

解　答

(1)

ア　完全無血

イ　完全無欠

（かんぜんむけつ）

【イ】

(2)

ア　危機一発

イ　危機一髪

（ききいっぱつ）

※「発」は旧字の「發」

【イ】

(3)

ア　既成事実

イ　既製事実

（きせいじじつ）

【ア】

(4)

ア　喜怒愛楽

イ　喜怒哀楽

（きどあいらく）

【イ】

四字熟語問題③

四字熟語のくずし字が二つ記されています。片方は正しく、もう一方は一字間違えています。

【　】に正しい方の記号を書き入れてください。

※読みはあいうえお順です。

(1)

ア

イ

【　】

(2)

ア

イ

【　】

(3)

ア

イ

【　】

(4)

ア

イ

【　】

解　答

(1)

ア　挙動不信

イ　挙動不審

（きょどうふしん）

※「挙」は旧字の「擧」

【イ】

(2)

ア　厚顔無恥

イ　厚顔無知

（こうがんむち）

※「恥」は異体字の「耻」

【ア】

(3)

ア　公平無私

イ　公平無視

（こうへいむし）

【ア】

(4)

ア　公明正大

イ　公明晴大

（こうめいせいだい）

【ア】

四字熟語問題④

四字熟語のくずし字が二つ記されています。片方は正しく、もう一方は一字間違えています。

【　】に正しい方の記号を書き入れてください。

※読みはあいうえお順です。

(1)

ア

イ

【　】

(2)

ア

イ

【　】

(3)

ア

イ

【　】

(4)

ア

イ

【　】

解　答

(1)

ア　言語道断

イ　言語同断

（ごんごどうだん）

【ア】

(2)

ア　才色兼備

イ　才色兼美

（さいしょくけんび）

【ア】

(3)

ア　自我自賛

イ　自画自賛

（じがじさん）

※「画」は旧字の「畫」

【イ】

(4)

ア　社交辞令

イ　社交辞礼

（しゃこうじれい）

※「辞」は旧字の「辭」、「礼」は旧字の「禮」

【ア】

四字熟語問題⑤

四字熟語のくずし字が二つ記されています。片方は正しく、もう一方は一字間違えています。

【　】に正しい方の記号を書き入れてください。

※読みはあいうえお順です。

(1)

ア

イ

【　　】

(2)

ア

イ

【　　】

(3)

ア

イ

【　　】

(4)

ア

イ

【　　】

解答

(1)

ア　縦横無尽

イ　縦横無人

（じゅうおうむじん）

【ア】

(2)

ア　出所進退

イ　出処進退

（しゅっしょしんたい）

※「処」は異体字の「處」

【イ】

(3)

ア　初信表明

イ　所信表明

（しょしんひょうめい）

【イ】

(4)

ア　人海戦術

イ　人皆戦術

（じんかいせんじゅつ）

【ア】

四字熟語問題⑥

四字熟語のくずし字が二つ記されています。片方は正しく、もう一方は一字間違えています。

【　】に正しい方の記号を書き入れてください。

※読みはあいうえお順です。

(1)　(2)　(3)　(4)

ア

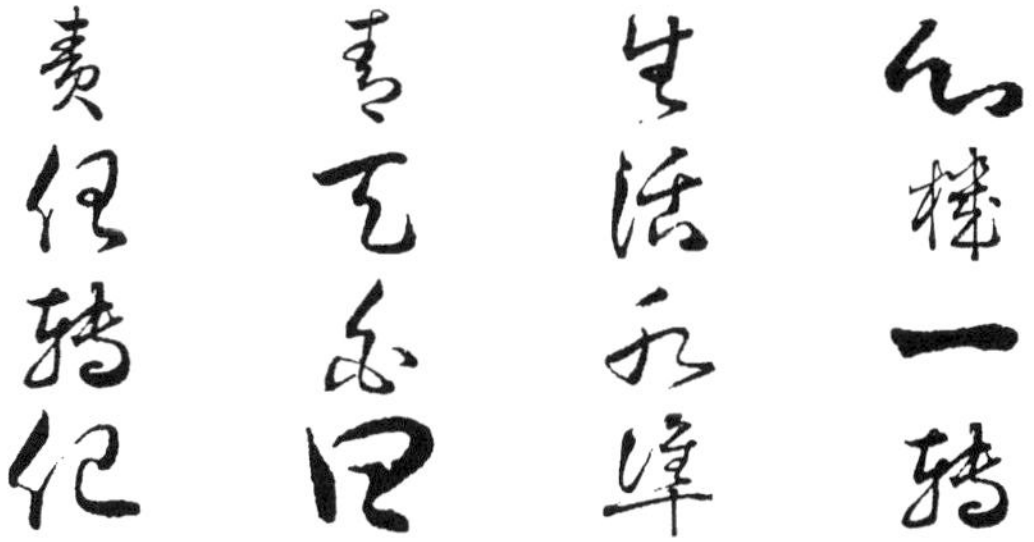

イ

(1)【　】　(2)【　】　(3)【　】　(4)【　】

解　答

(1)

ア　心機一転

イ　心期一転

（しんきいってん）

※「転」は旧字の「轉」

【ア】

(2)

ア　生活水準

イ　生活水順

（せいかつすいじゅん）

【ア】

(3)

ア　青天白日

イ　晴天白日

（せいてんはくじつ）

【ア】

(4)

ア　責任転化

イ　責任転嫁

（せきにんてんか）

【イ】

四字熟語問題⑦

四字熟語のくずし字が二つ記されています。片方は正しく、もう一方は一字間違えています。

【　】に正しい方の記号を書き入れてください。

※読みはあいうえお順です。

(1)

ア

イ

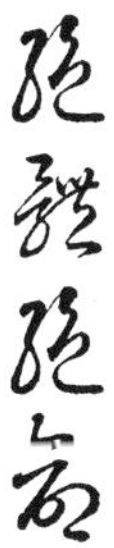

【　　】

(2)

ア

イ

【　　】

(3)

ア

イ

【　　】

(4)

ア

イ

【　　】

解答

(1)

ア　絶対絶命

イ　絶体絶命

（ぜったいぜつめい）

※「対」は旧字の「對」、「体」は旧字の「體」

【イ】

(2)

ア　前人未踏

イ　前尽未踏

（ぜんじんみとう）

【ア】

(3)

ア　専政君主

イ　専制君主

（せんせいくんしゅ）

【イ】

(4)

ア　卒先垂範

イ　率先垂範

（そっせんすいはん）

【イ】

四字熟語問題⑧

四字熟語のくずし字が二つ記されています。片方は正しく、もう一方は一字間違えています。
【　】に正しい方の記号を書き入れてください。

※読みはあいうえお順です。

(1)

ア

イ

【　】

(2)

ア

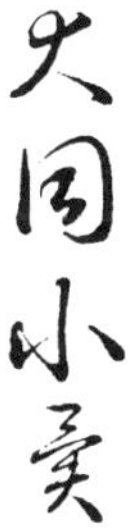

イ

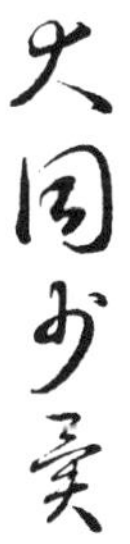

【　】

(3)

ア

イ

【　】

(4)

ア

イ

【　】

解　答

(1)

ア　大器晩生

イ　大器晩成（たいきばんせい）

【イ】

(2)

ア　大同小異

イ　大同少異（だいどうしょうい）

※「異」は異体字の「异」

【ア】

(3)

ア　多言無用

イ　他言無用（たごんむよう）

【イ】

(4)

ア　短刀直入

イ　単刀直入（たんとうちょくにゅう）

【イ】

四字熟語問題⑨

四字熟語のくずし字が二つ記されています。片方は正しく、もう一方は一字間違えています。

【　】に正しい方の記号を書き入れてください。

※読みはあいうえお順です。

(1)

ア

イ

【　　】

(2)

ア

イ

【　　】

(3)

ア

イ

【　　】

(4)

ア

イ

【　　】

解答

(1)
ア 昼夜兼行
イ 昼夜見行
（ちゅうやけんこう）

【ア】

(2)
ア 朝令暮改
イ 朝令暮戒
（ちょうれいぼかい）

【ア】

(3)
ア 適材適所
イ 適才適所
（てきざいてきしょ）

【ア】

(4)
ア 同工異曲
イ 同口異曲
（どうこういきょく）

【ア】

※「異」は異体字の「异」

四字熟語問題⑩

四字熟語のくずし字が二つ記されています。片方は正しく、もう一方は一字間違えています。

【　】に正しい方の記号を書き入れてください。

※読みはあいうえお順です。

(1)

ア

イ

【　】

(2)

ア

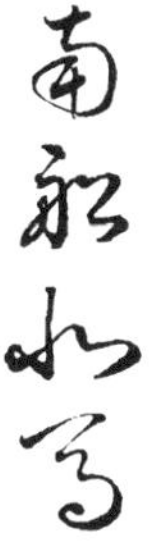

イ

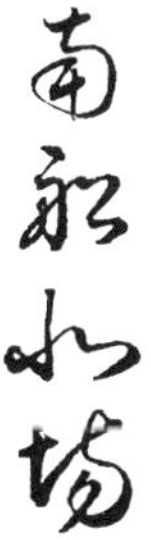

【　】

(3)

ア

イ

【　】

(4)

ア

イ

【　】

解　答

(1)

ア　内憂外患

イ　内憂外観

（ないゆうがいかん）

【ア】

(2)

ア　南船北馬

イ　南船北場

（なんせんほくば）

【ア】

(3)

ア　二束三文

イ　二足三文

（にそくさんもん）

【ア】

(4)

ア　美字麗句

イ　美辞麗句

（びじれいく）

【イ】

※「辞」は旧字の「辭」

四字熟語問題⑪

四字熟語のくずし字が二つ記されています。片方は正しく、もう一方は一字間違えています。

【　】に正しい方の記号を書き入れてください。

※読みはあいうえお順です。

解　答

(1)

ア　付和雷同

イ　付和雷動

（ふわらいどう）

【ア】

(2)

ア　平身低頭

イ　平身底頭

（へいしんていとう）

【ア】

(3)

ア　万場一致

イ　満場一致

（まんじょういっち）

※「万」は旧字の「萬」

【イ】

(4)

ア　無我夢中

イ　無我無中

（むがむちゅう）

【ア】

四字熟語問題⑫

四字熟語のくずし字が二つ記されています。片方は正しく、もう一方は一字間違えています。

【　】に正しい方の記号を書き入れてください。

※読みはあいうえお順です。

(1)

ア

イ

【　】

(2)

ア

イ

【　】

(3)

ア

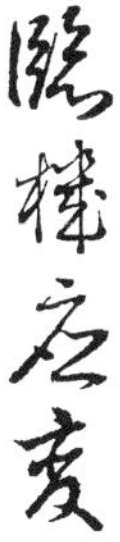

イ

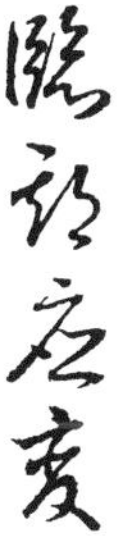

【　】

(4)

ア

イ

【　】

解答

(1)

ア　油断対敵

イ　油断大敵

（ゆだんたいてき）

※「対」は旧字の「對」

【イ】

(2)

ア　用意周倒

イ　用意周到

（よういしゅうとう）

【イ】

(3)

ア　臨機応変

イ　臨期応変

（りんきおうへん）

※「応」は旧字の「應」

【ア】

(4)

ア　連帯責任

イ　連体責任

（れんたいせきにん）

※「体」は旧字の「體」

【ア】

数字四字熟語問題

ここでは四字熟語の中に漢数字が入っているものを集めて問題を出しています。たとえば明智光秀の「三日天下」では「三」という数字がありますね（もっとも史実では三日ではありませんが）。

問題は漢数字が入る部分が□になっているので、まずはくずし字の解読から始めます。そして、《ヒント》の中のくずし字の漢数字を当てはめて、四字熟語として完成させてください。

数字四字熟語問題 例題

□の中に、一から十の漢数字を入れて四字熟語を完成させてください。すると使わない数字が一つあります。それを答えてください。

(6)　(5)　(4)　(3)　(2)　(1)

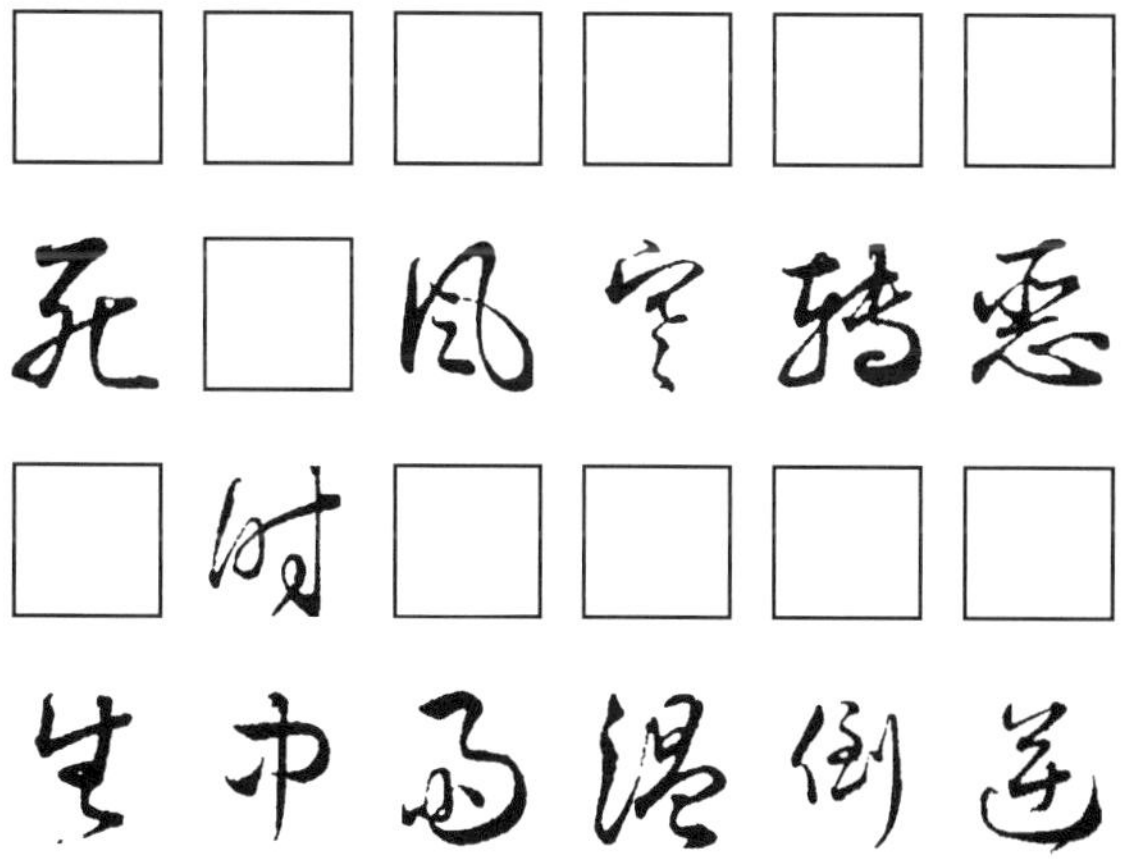

《ヒント》四・五・十は 2 回使います。

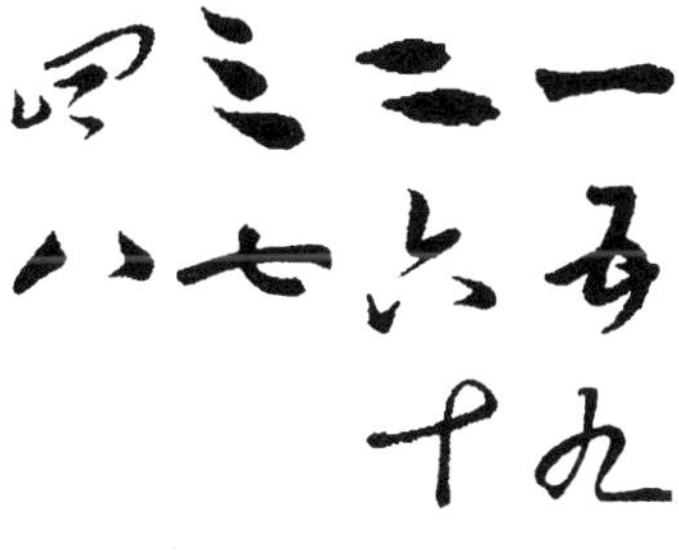

⇒ 使わない数字 □

数字四字熟語問題 例題解答

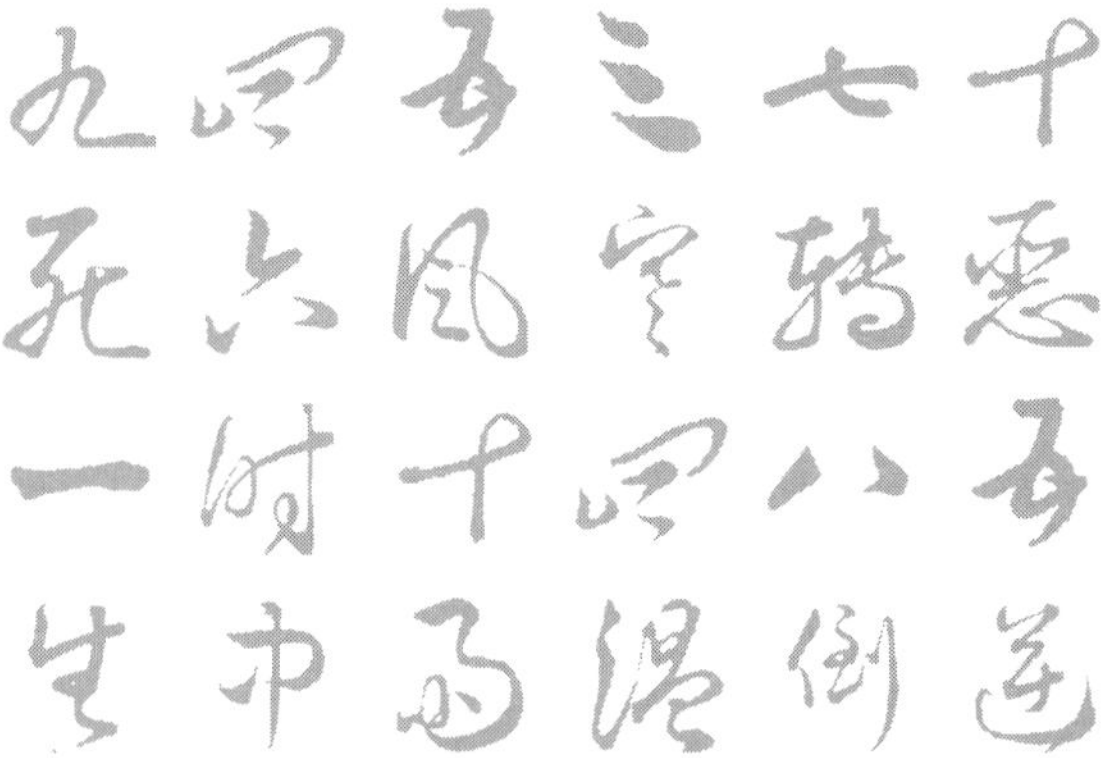

(1) 十《じゅう》悪《あく》五《ご》逆《ぎゃく》

(2) 七《しち》転《てん》八《ばっ》倒《とう》

(3) 三《さん》寒《かん》四《し》温《おん》

(4) 五《ご》風《ふう》十《じゅう》雨《う》

(5) 四《し》六《ろく》時《じ》中《ちゅう》

(6) 九《きゅう》死《し》一《いっ》生《しょう》

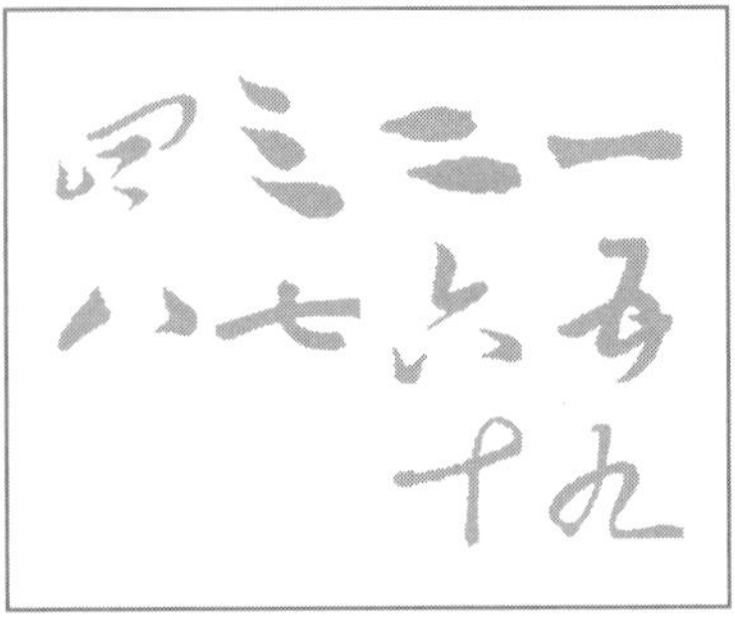

⇒

使わない数字

(二)

※「転」は旧字の「轉」

数字四字熟語問題①

□の中に、一から十の漢数字を入れて四字熟語を完成させてください。すると使わない数字が一つあります。それを答えてください。

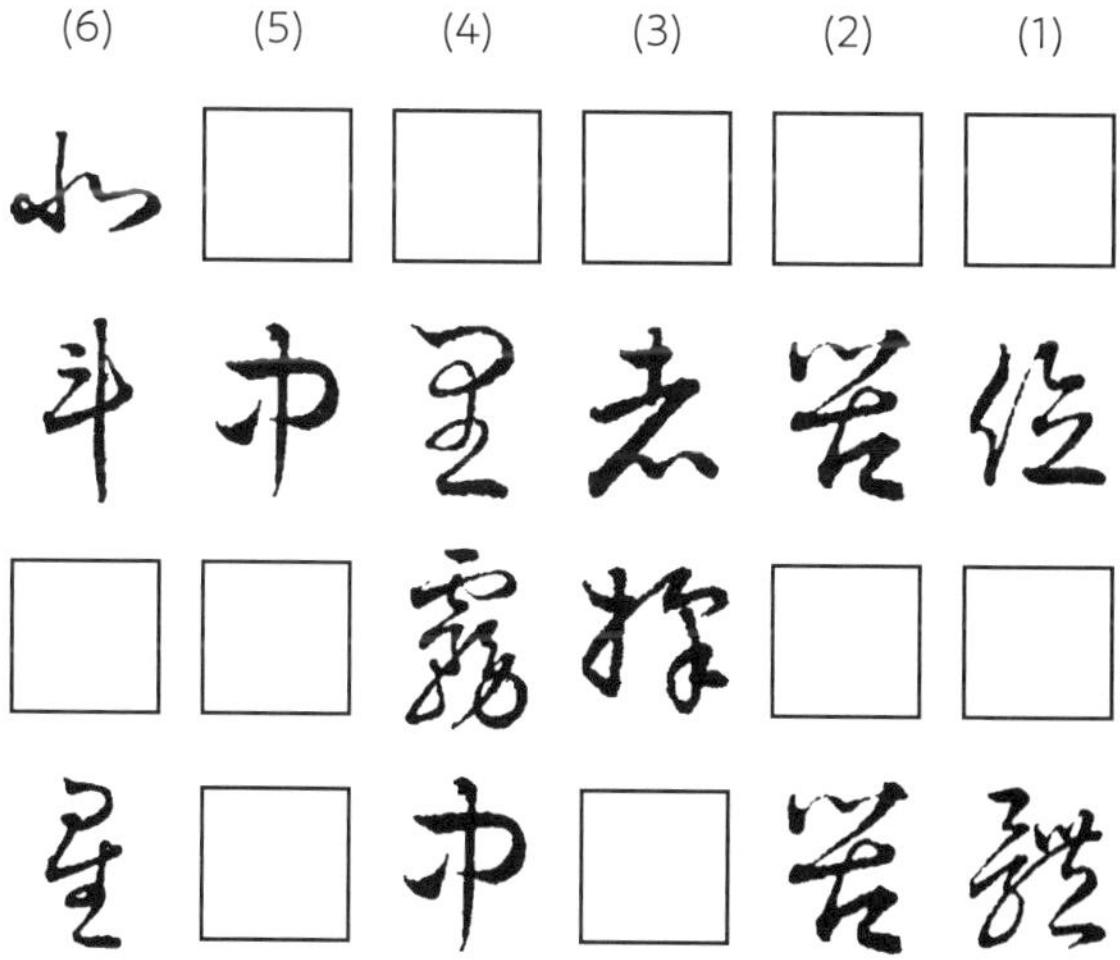

《ヒント》一・八は２回使います。

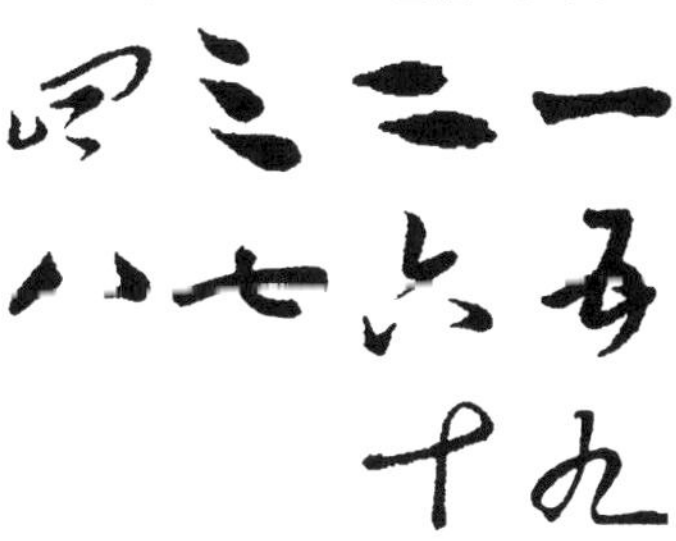

⇒ 使わない数字

解　答

(1) 三《さん》位《み》一《いっ》体《たい》

(2) 四《し》苦《く》八《はっ》苦《く》

(3) 二《に》者《しゃ》択《たく》一《いつ》

(4) 五《ご》里《り》霧《む》中《ちゅう》

(5) 十《じゅっ》中《ちゅう》八《はっ》九《く》

(6) 北《ほく》斗《と》七《しち》星《せい》

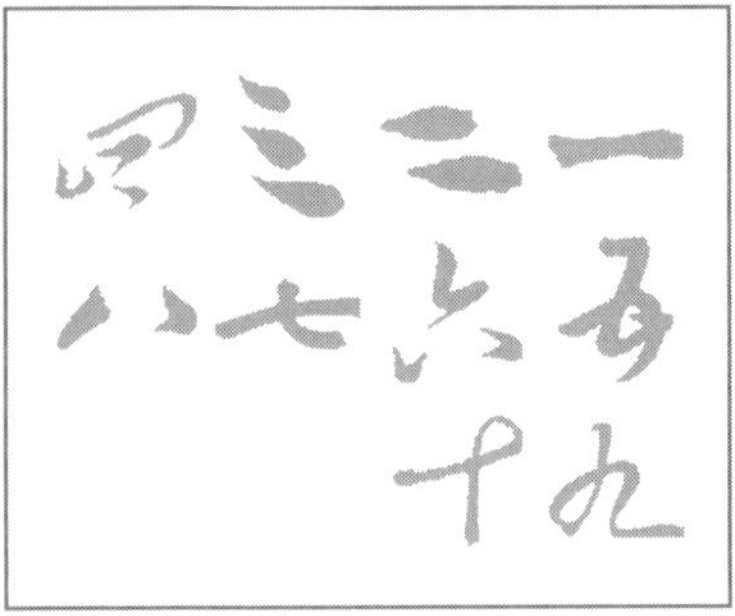

⇒ 使わない数字

（六）

※「体」は旧字の「體」、「択」は旧字の「擇」

数字四字熟語問題②

□の中に、一から十の漢数字を入れて四字熟語を完成させてください。すると使わない数字が一つあります。それを答えてください。

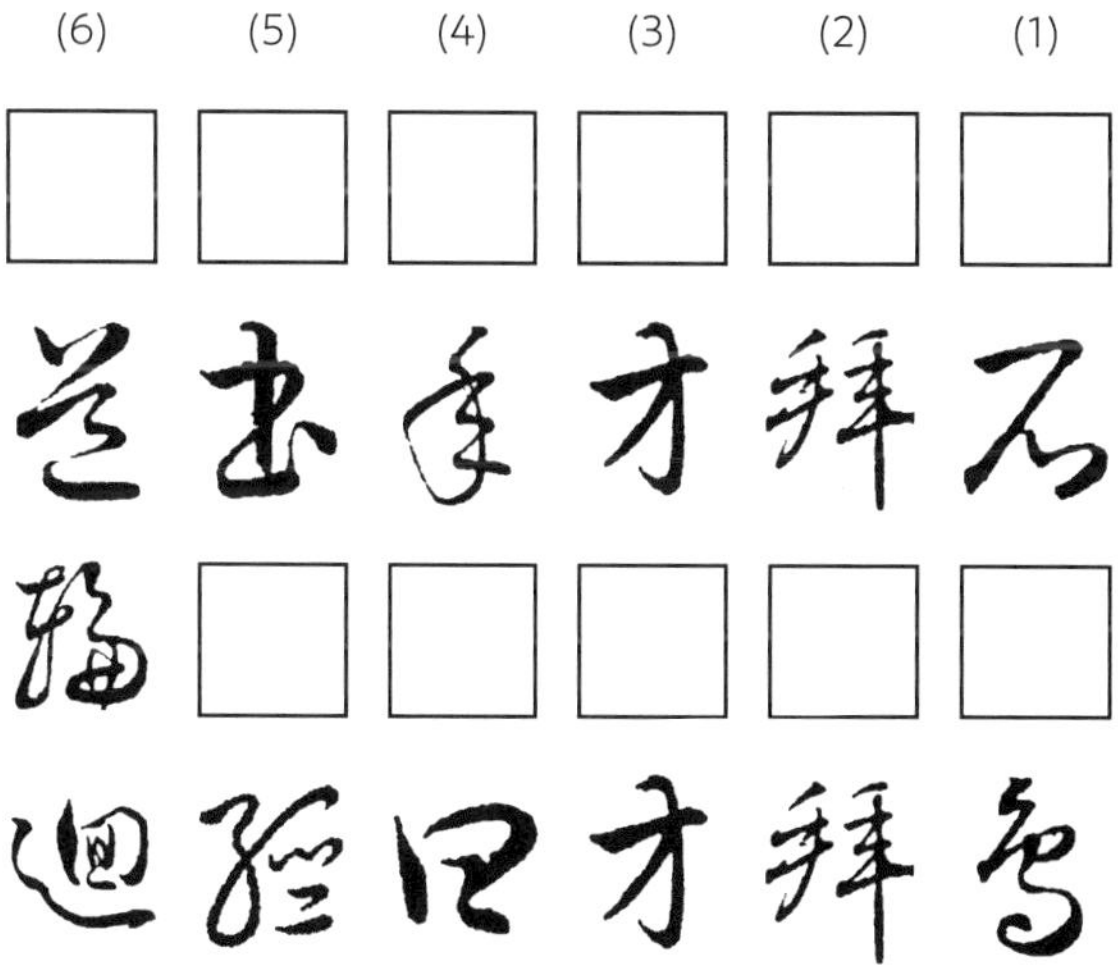

《ヒント》一・四は２回使います。

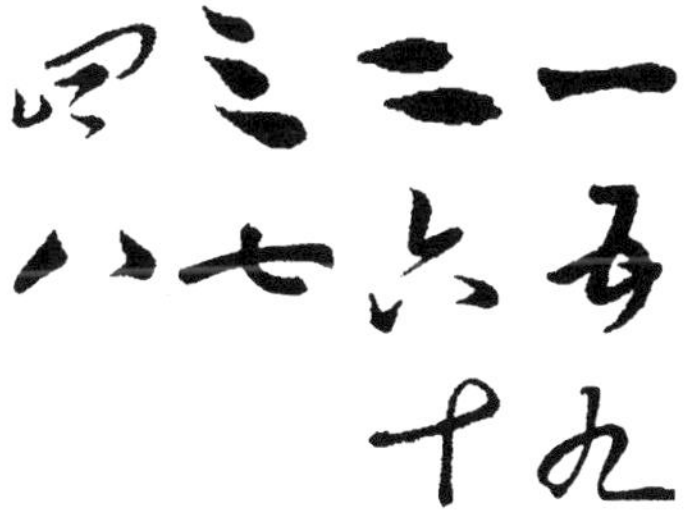

⇒ 使わない数字 □

解答

(1) 一《いっ》石《せき》二《に》鳥《ちょう》

(2) 三《さん》拝《ぱい》九《きゅう》拝《はい》

(3) 四《し》方《ほう》八《はっ》方《ぽう》

(4) 十《じゅう》年《ねん》一《いち》日《じつ》

(5) 四《し》書《しょ》五《ご》経《きょう》

(6) 六《ろく》道《どう》輪《りん》廻《ね》

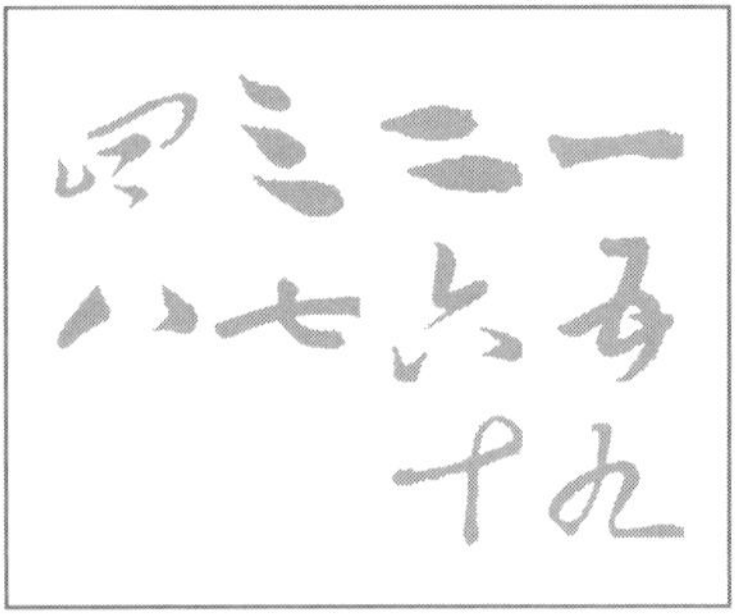

⇒

使わない数字

（七）

※「経」は旧字の「經」

数字四字熟語問題③

□の中に、一から十の漢数字を入れて四字熟語を完成させてください。すると使わない数字が一つあります。それを答えてください。

(6)　(5)　(4)　(3)　(2)　(1)

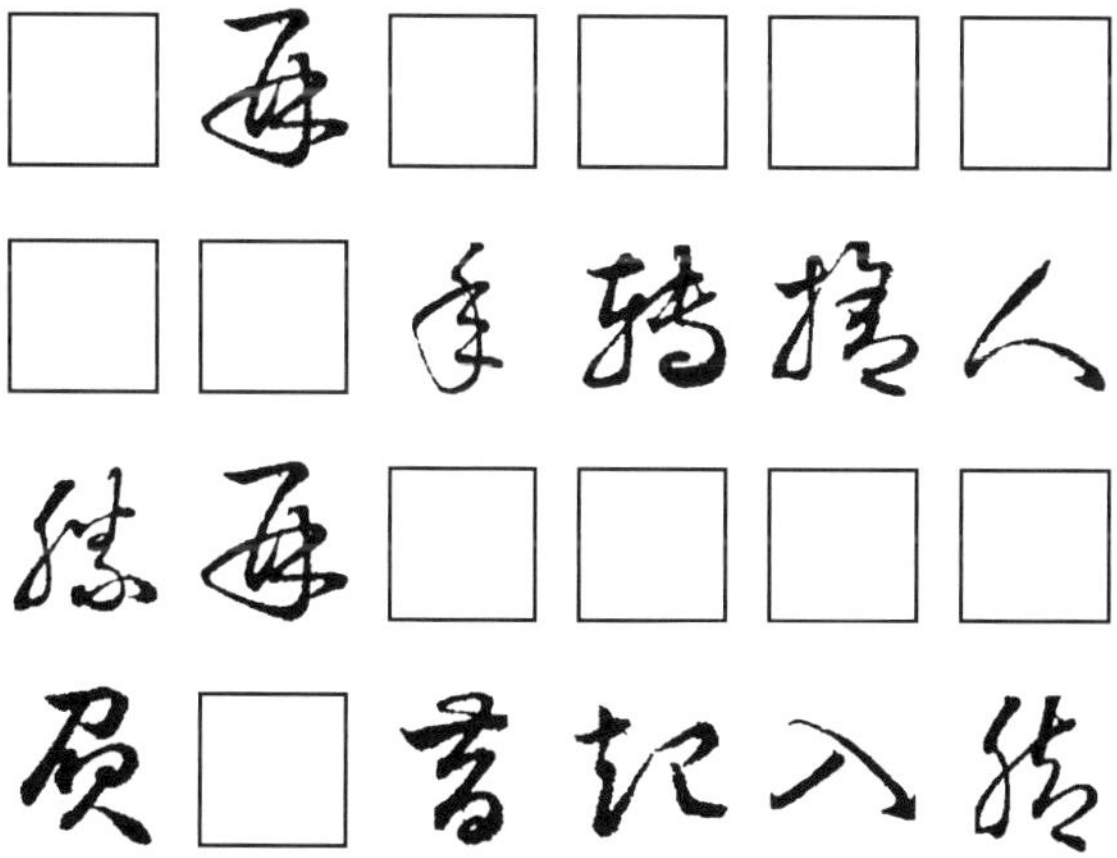

《ヒント》一・三・四は２回使います。

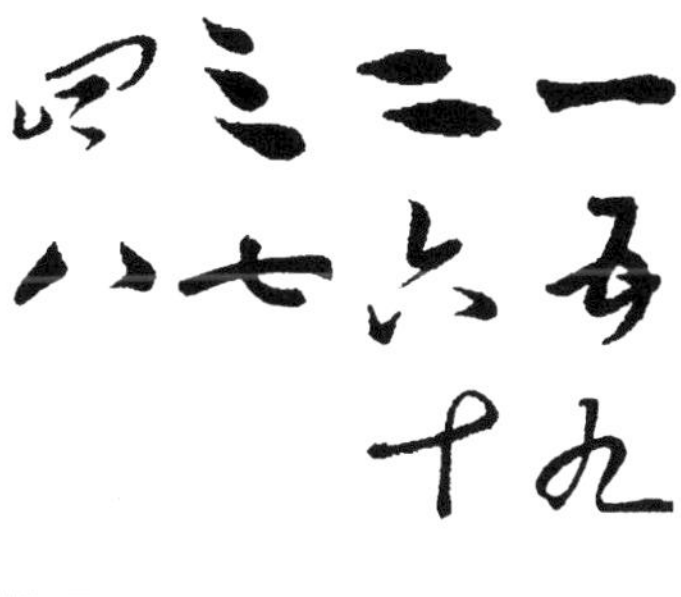

⇒ 使わない数字 □

解答

(1) 二《に》人《にん》三《さん》脚《きゃく》

(2) 四《し》捨《しゃ》五《ご》入《にゅう》

(3) 七《しち》転《てん》八《はっ》起《き》

(4) 十《じゅう》年《ねん》一昔《ひとむかし》

(5) 再《さい》三《さん》再《さい》四《し》

(6) 一《いち》六《ろく》勝《しょう》負《ぶ》

⇒ 使わない数字

（九）

※「転」は旧字の「轉」

類義語問題

類義語は、二つの二字熟語がほぼ同じ意味を持つ、つまり類似している言葉を言います。たとえば「欠点」と「短所」はほぼ同じ意味を持っていますね。

この問題は、まず四つのくずし字を解読するところから始まります。次に解読した四字の漢字を並べ替えて、「欠点」と「短所」というように類似した意味を持つ二字の熟語が二つできれば完成です。

どうしても解読できないくずし字がある場合は、解読した字の中で二字の熟語ができないか考えてみてください。ここが漢字能力の発揮のしどころです。類義語の組み合わせになるようにいろいろ熟語を想像していくと、読めないくずし字の解読につながるかもしれません。

類義語問題 例題

次のくずし字をまず解読し、並べ替えて類似する意味の二字の熟語を二つ作ってください。

(1)　(2)　(3)

類義語問題 例題解答

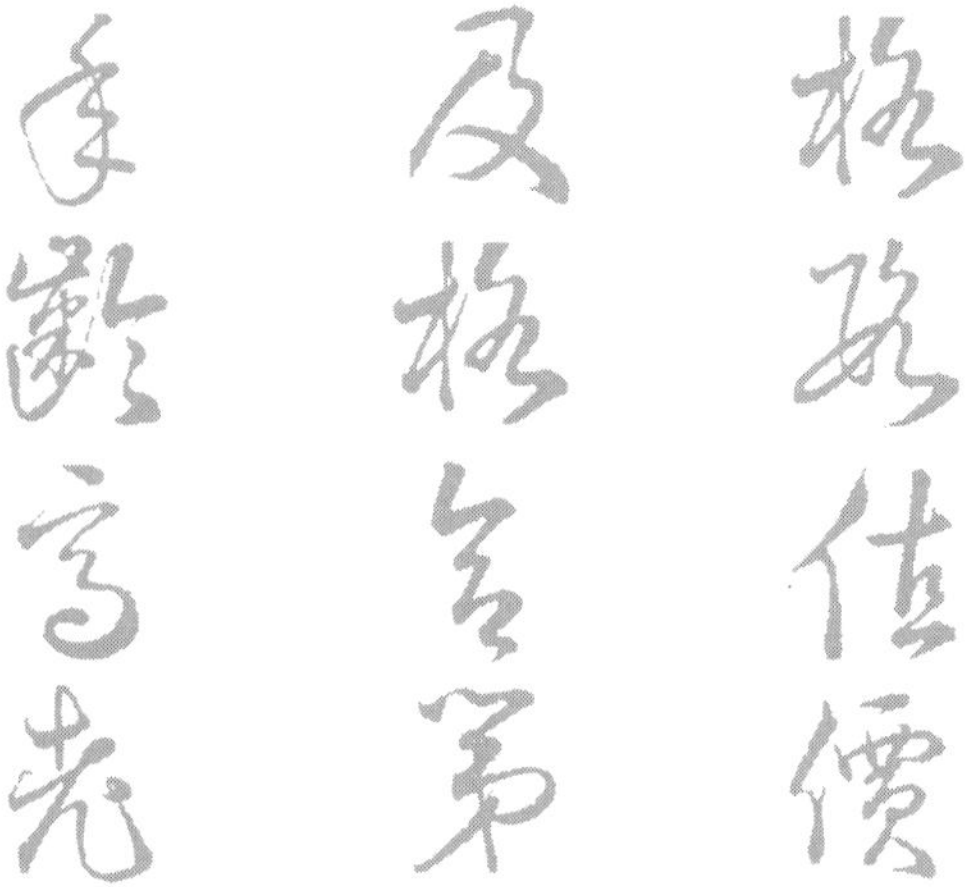

(1)

格段値価

※「価」は旧字の「價」

⇩

【価格】

【値段】

(2)

及格合第

⇩

【合格】

【及第】

(3)

年齢高老

※または「老年」・「高齢」

⇩

【老齢】

【高年】

類義語問題①

次のくずし字をまず解読し、並べ替えて類似する意味の二字の熟語を二つ作ってください。

(1)

(2)

(3)

解答

(1)

配
安
不
心

⇩

【心配】
【不安】

(2)

慮
別
思
分

⇩

【分別】
【思慮】

(3)

進
力
精
努

⇩

【努力】
【精進】

類義語問題②

次のくずし字をまず解読し、並べ替えて類似する意味の二字の熟語を二つ作ってください。

(1)

(2)

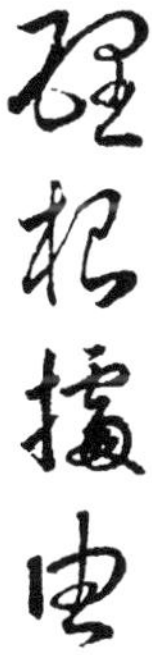

(3)

解答

(1)

進上向歩

⇩

【向上】

【進歩】

(2)

理根拠由

※「拠」は旧字の「據」

⇩

【根拠】

【理由】

(3)

短点欠所

※「点」は旧字の「點」

⇩

【欠点】

【短所】

類義語問題③

次のくずし字をまず解読し、並べ替えて類似する意味の二字の熟語を二つ作ってください。

(1)

(2)

(3)

解答

(1)

備度支準

⇩

【支度】

【準備】

(2)

専占独有

⇩

※「独」は旧字の「獨」

【独占】

【専有】

(3)

来将途前

⇩

【前途】

【将来】

類義語問題④

次のくずし字をまず解読し、並べ替えて類似する意味の二字の熟語を二つ作ってください。

(1)

(2)

(3)

解答

(1)

早刻即速

⇩

【即刻】【早速】

(2)

等角対互

⇩

【互角】【対等】

※「等」は異体字の「ホ」、「対」は旧字の「對」

(3)

他去死界

⇩

【他界】【死去】

類義語問題⑤

次のくずし字をまず解読し、並べ替えて類似する意味の二字の熟語を二つ作ってください。

(1)

(2)

(3)

解答

(1)

豪長富者

⇩

【長者】【富豪】

(2)

静沈冷着

⇩

【冷静】【沈着】

(3)

剣気本真

⇩

【真剣】【本気】

※「気」は旧字の「氣」

類義語問題⑥

次のくずし字をまず解読し、並べ替えて類似する意味の二字の熟語を二つ作ってください。

(1)

(2)

(3)

解答

(1)

刺
皮
風
肉

⇩

【皮肉】【風刺】

(2)

意
切
厚
親

⇩

【親切】【厚意】

(3)

貯
備
蓄
蔵

⇩

【備蓄】【貯蔵】

類義語問題⑦

次のくずし字をまず解読し、並べ替えて類似する意味の二字の熟語を二つ作ってください。

(1)

(2)

(3)

解答

(1)

定
更
改
変

⇩

【変更】【改定】

(2)

績
手
功
柄

⇩

【功績】【手柄】

(3)

用
戒
心
警

⇩

【警戒】【用心】

類義語問題⑧

次のくずし字をまず解読し、並べ替えて類似する意味の二字の熟語を二つ作ってください。

(1)

(2)

(3)

解答

(1)

事全安無

⇩

【安全】【無事】

(2)

見形品遺

⇩

【形見】【遺品】

(3)

同成賛意

⇩

【賛成】【同意】

類義語問題⑨

次のくずし字をまず解読し、並べ替えて類似する意味の二字の熟語を二つ作ってください。

(1)

(2)

(3)

解答

(1)

解釈弁明

⇩

【釈明】【弁解】

※「解」は異体字の「觧」、「釈」は旧字の「釋」、「弁」は旧字の「辨」

(2)

身位地分

⇩

【地位】【身分】

(3)

宝重利便

⇩

【便利】【重宝】

※「宝」は旧字の「寶」

類義語問題⑩

次のくずし字をまず解読し、並べ替えて類似する意味の二字の熟語を二つ作ってください。

(1)

(2)

(3)

解答

(1)

加
足
補
追

⇩

【追加】

【補足】

(2)

親
好
善
友

⇩

【友好】

【親善】

(3)

世
時
流
相

⇩

【時流】

【世相】

対義語問題

対義語というのは、お互いに反対の意味を持つ言葉のことです。たとえば、「収入」と「支出」は互いに反対の意味を持っていますね。

この問題は、まず四つのくずし字を解読するところから始まります。次に解読した四字の漢字を並べ替えて、「収入」と「支出」というように反対の意味を持つ二字の熟語が二つできれば完成です。

どうしても解読できないくずし字がある場合は、解読した字の中で二字の熟語ができないか考えてみてください。ここが漢字能力の発揮のしどころです。対義語の組み合わせになるようにいろいろと想像していくと、読めないくずし字の解読につながるかもしれません。

対義語問題 例題

次のくずし字を解読し、並べ替えて反対の意味になる二字の熟語を二つ作ってください。

(1)

(　)⇔(　)

(2)

(　)⇔(　)

(3)

(　)⇔(　)

対義語問題 例題解答

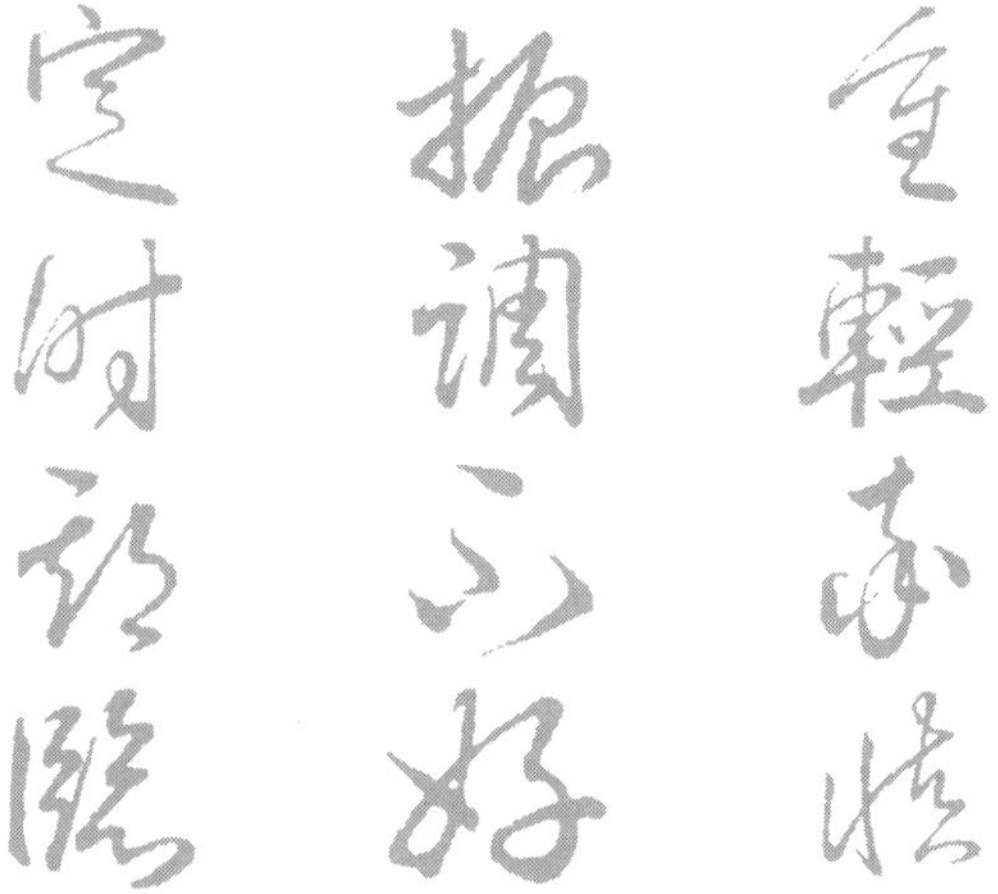

(1)

重軽率慎

※「軽」は旧字の「輕」

【軽率】⇔【慎重】

(2)

振調不好

【不振】⇔【好調】

(3)

定時期臨

【定期】⇔【臨時】

対義語問題①

次のくずし字を解読し、並べ替えて反対の意味になる二字の熟語を二つ作ってください。

(1)

⇔

(2)

⇔

(3)

⇔

解答

(1)

到発出着

※「発」は旧字の「發」

(2)

防撃御攻

(3)

意過失故

【出発⇔到着】

【攻撃⇔防御】

【故意⇔過失】

対義語問題②

次のくずし字を解読し、並べ替えて反対の意味になる二字の熟語を二つ作ってください。

(1)　(2)　(3)

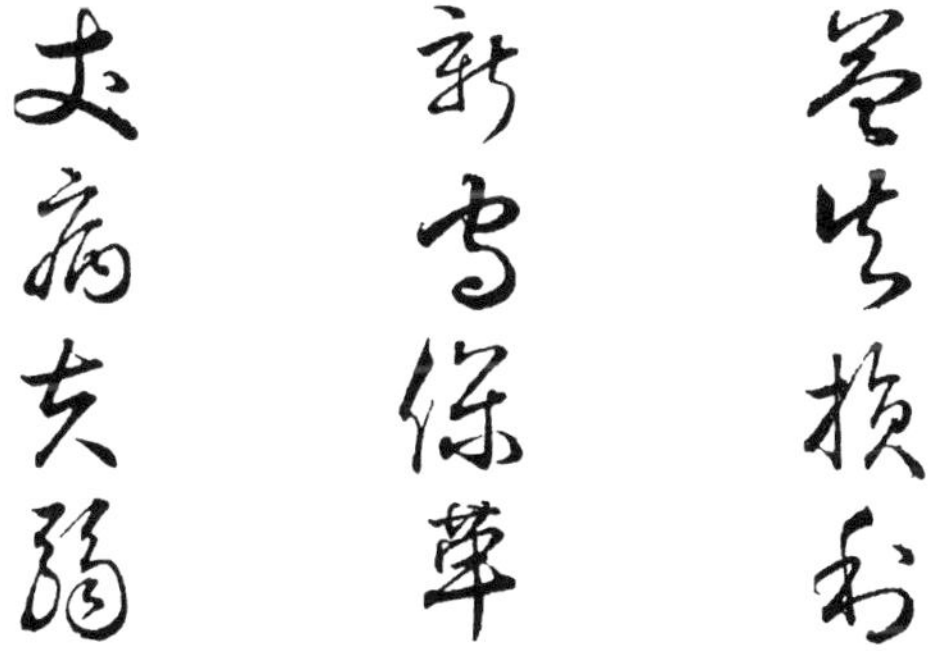

(1)　【　　】⇔【　　】

(2)　【　　】⇔【　　】

(3)　【　　】⇔【　　】

解答

(1)

益
失
損
利

【利益】⇔【損失】

(2)

新
守
保
革

【保守】⇔【革新】

(3)

丈
病
夫
弱

【丈夫】⇔【病弱】

※「丈」は俗字の「𠀋」

対義語問題③

次のくずし字を解読し、並べ替えて反対の意味になる二字の熟語を二つ作ってください。

(1)　(2)　(3)

⇔　⇔　⇔

解答

(1) 結離合分

(2) 建壊設破

(3) 盟脱加退

【結合】⇔【分離】

【建設】⇔【破壊】

【加盟】⇔【脱退】

対義語問題④

次のくずし字を解読し、並べ替えて反対の意味になる二字の熟語を二つ作ってください。

(1)

〔　〕⇔〔　〕

(2)

〔　〕⇔〔　〕

(3)

〔　〕⇔〔　〕

解答

(1)

給要供需

【需要】⇔【供給】

(2)

起寝床就

【起床】⇔【就寝】

(3)

却熱冷加

【加熱】⇔【冷却】

対義語問題⑤

次のくずし字を解読し、並べ替えて反対の意味になる二字の熟語を二つ作ってください。

(1)

⇔

(2)

⇔

(3)

⇔

解答

(1)

寒厳猛暑

【猛暑】⇔【厳寒】

(2)

純複単雑

【複雑】⇔【単純】

(3)

容難困易

【容易】⇔【困難】

対義語問題⑥

次のくずし字を解読し、並べ替えて反対の意味になる二字の熟語を二つ作ってください。

(1)

〔　〕⇔〔　〕

(2)

〔　〕⇔〔　〕

(3)

〔　〕⇔〔　〕

解答

(1)

険全危安

※「険」は旧字の「險」

【安全】⇔【危険】

(2)

一殊特般

【一般】⇔【特殊】

(3)

止動静運

【静止】⇔【運動】

対義語問題⑦

次のくずし字を解読し、並べ替えて反対の意味になる二字の熟語を二つ作ってください。

(1)

「　　」⇔「　　」

(2)

「　　」⇔「　　」

(3)

「　　」⇔「　　」

解答

(1)

健激過穏

(2)

独存依立

※「独」は旧字の「獨」

(3)

感理情性

【穏健】⇔【過激】

【依存】⇔【独立】

【理性】⇔【感情】

対義語問題⑧

次のくずし字を解読し、並べ替えて反対の意味になる二字の熟語を二つ作ってください。

(1)

（　　）⇔（　　）

(2)

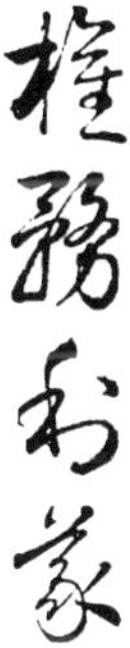

（　　）⇔（　　）

(3)

（　　）⇔（　　）

解答

(1)

大小縮拡

※「拡」は旧字の「擴」

【拡大⇔縮小】

(2)

権務利義

【義務⇔権利】

(3)

果因結原

【原因⇔結果】

対義語問題⑨

次のくずし字を解読し、並べ替えて反対の意味になる二字の熟語を二つ作ってください。

(1)

⇔

(2)

⇔

(3)

⇔

対義語

解答

(1)

想現理実

【理想】⇔【現実】

(2)

等差平別

※「等」は異体字の「ホ」

【差別】⇔【平等】

(3)

集散解合

※「解」は異体字の「觧」

【集合】⇔【解散】

対義語問題⑩

次のくずし字を解読し、並べ替えて反対の意味になる二字の熟語を二つ作ってください。

(1)

⇔

(2)

⇔

(3)

⇔

対義語

解答

(1)

下理受却

【受理】⇔【却下】

(2)

悲声歓鳴

※「声」は旧字の「聲」

【悲鳴】⇔【歓声】

(3)

答疑応質

※「応」は旧字の「應」

【質疑】⇔【応答】

小林正博　こばやし・まさひろ

一九五一年東京都生まれ。博士（文学）。現在、一般社団法人古文書解読検定協会代表理事、東洋哲学研究所特任研究員、日本古文書学会会員、東京富士美術館評議員、学園都市大学古文書研究会顧問。生涯学習インストラクター古文書1級、博物館学芸員、図書館司書。著書に『日蓮の真筆文書をよむ』（第三文明社）、『実力判定　古文書解読力』（柏書房）、『読めれば楽しい！古文書入門』『これなら読める！くずし字・古文書入門』『楽しく学べる！くずし字・古文書パズル①』（小社刊）など。